UN MAESTRO HABLA

Tomo II

Artículos de la revista *Share International*

Copyright

Copyright © Benjamin Creme

Título del original inglés: A Master Speaks Volume Two

Publicado por primera vez en abril 2017 en Estados Unidos por Share International Foundation; P.O. Box 41877, 1009 DB, Ámsterdam

Primera Edición en castellano, Septiembre 2018.

Traducido de la primera edición en inglés por el equipo de edición de Share Ediciones

Copyright © Share Ediciones

Apartado 149, 08190 Sant Cugat Vallés, Barcelona, España

Todos los derechos reservados

ISBN papel: 978-84-89147-53-9

ISBN mobi: 978-84-89147-55-3

ISBN epub: 978-84-89147-54-6

La foto de portada es una reproducción de una pintura de Benjamin Creme, **Mandala Abierto** *(1972). Flotando en el espacio, el Mandala Abierto presenta al espectador un vacío que atrae y mantiene la atención en el Vacío del Cosmos. Con la atención mantenida allí en el centro del dibujo, el Vacío saca a relucir la aspiración y el anhelo del espectador por la unidad con todas las cosas. En respuesta, el Vacío libera su energía para estimular y renovar la aspiración y el deseo de unión del espectador.*

En memoria de Benjamin Creme
y con gratitud a su Maestro.

Índice

Prólogo para el Tomo I 9
Nota del Editor para el Tomo II 12
La promesa de los Maestros 15
Una nueva serenidad 17
El triunfo final 19
El sendero al Sol 21
La elección final 23
Los Instructores y los instruidos 25
El sendero hacia delante 27
Una llamada a la cordura 29
La elección de Norteamérica 31
Norteamérica a la deriva 33
Fuera de la oscuridad 35
La labor de Maitreya 37
El fin de la corrupción 39
El logro de los hombres 41
La herencia del hombre 43
El fin de la oscuridad 45
La orientación de Maitreya 47
La Fraternidad del Hombre 49
La clave del futuro 51
El comienzo de un Nuevo Tiempo 53
El prodigio en la puerta 55
El fin de la guerra 57
Señales en abundancia 59
Unidad en la diversidad 61
Peligro invisible 63
El sendero del Amor y la Paz 65
La ayuda es necesaria – y es ofrecida 67
Las prioridades de Maitreya 69
Los primeros pasos 71
La inutilidad de la guerra 73
Maitreya se presenta 75

La agrupación de las Fuerzas de la Luz 77
El camino a las estrellas 79
Salvar el planeta 81
Transformación 83
El giro de la rueda 85
La divinidad del hombre 87
Paso a paso 89
La Tierra atribulada 91
Preparando el futuro 93
Una llamada a los medios de comunicación 95
El Cristo como Instructor 97
Las personas despiertan 99
Las ciudades del mañana 101
Cuando los hombres miren atrás 103
La Unidad de la Humanidad 105
Vedle y alegraos 107
El destino del hombre 109
El escenario está montado 111
Evolución versus creacionismo 113
Primera entrevista de Maitreya 115
El momento ha llegado 118
La restauración del mundo 120
La maldición de la comercialización 122
La divinidad emergente del hombre 125
El momento de la revelación 127
La blasfemia de la guerra 129
La luz perenne de la Verdad 132
Las vidas de los hombres florecerán 134
Los hombres responderán a la Llamada 136
Un glorioso proyecto 138
El Despertar 140
Maitreya habla 142
Los hombres se despiertan a Maitreya 144
Fraternidad 146
La búsqueda de la paz 148

Una nueva luz en la humanidad 150
La Tierra transformada 152
El triunfo definitivo del hombre 154
Las necesidades de los hombres 156
La Fraternidad esencial del Hombre 158
La voz del pueblo es escuchada 160
La responsabilidad del hombre 162
Las formas del Nuevo Tiempo 164
El sendero del futuro 166
El sendero a la Unidad 168
Cambio hacia la Unidad 170
Creando la Espada de la División 172
La promesa de Maitreya 174
El Heraldo de lo Nuevo 176
La Gran Decisión 178
La transformación venidera 180
La juventud al timón 182
Agua en vino 184
El sendero de la cooperación 186
Los precursores 188
Consideraciones adicionales sobre la Unidad 190
¡S.O.P. – Salvad Nuestro Planeta! 193
De Piscis a Acuario 195
Algunas consideraciones sobre el trabajo grupal 197
La importancia de la Unidad 199
La histórica elección de la humanidad 201
El papel de los Maestros 203
La aspiración de los jóvenes 205
¿Hacia dónde ahora? 207
La voz del pueblo augura el futuro 209
Los dos pilares del futuro 211
La humanidad despierta 213
La dinámica del cambio 214
Un anteproyecto para el compartir 216
La alegría venidera de Acuario 218

El Sendero del Ascenso 220
Problemas esperando acción 222
Gestos de apuesta 224
El nuevo entorno 225
El camino adelante 227
La Espada de la División 228
Mensaje de Maitreya 230
Llamada a la razón 231
El año entrante 232
Advenimiento de lo nuevo 233
La justicia de la Ley 234
Señales de lo nuevo 235
Un regalo de lo Más Alto 236
La arremetida de lo nuevo 237
El mundo está preparado 238
Sobre el ataque terrorista 239
Bienvenidos al Nuevo Tiempo 240
Mensaje de Maitreya 241
Comentario del Maestro sobre la actual crisis mundial .. 243
Comunicado especial del Maestro 244
Apéndice 245
La 'Mano' de Maitreya 251
Meditación de Transmisión 253
La Gran Invocación 255
La Oración para la Nueva Era 256
Lectura adicional 257

Prólogo

En cada era, instructores espirituales mayores y menores han guiado a la humanidad. Les conocemos, entre otros, como Hércules, Hermes, Rama, Mitra, Vyasa, Sankaracharya, Krishna, Buddha, el Cristo y Mahoma. Son los custodios de un Plan para la evolución de la humanidad y los otros reinos de la naturaleza. Este Plan se realiza por mediación de la Jerarquía esotérica de Maestros de la Sabiduría.

Los Maestros son aquellos miembros de la familia humana que han realizado el viaje evolutivo por delante de nosotros; quienes, habiéndose perfeccionado a Sí mismos – por los mismos pasos por los que avanzamos nosotros – han aceptado la responsabilidad de guiar al resto de nosotros hacia ese mismo logro. Ellos han permanecido detrás de todo el proceso evolutivo, guiándonos y ayudándonos, mediante una expansión gradual de la conciencia, para llegar a ser, al igual que Ellos, perfectos e iluminados.

La mayoría de los Maestros viven en las remotas zonas montañosas y desérticas del mundo, contactando rara vez con el mundo, y llevan a cabo Su trabajo a través de Sus discípulos, principalmente mediante la comunicación telepática. Es por este medio que tengo el privilegio de estar en contacto con uno de los Maestros. Por varias razones, Su identidad no puede ser revelada por el momento, pero puedo decir que Él es uno de los más antiguos miembros de la Jerarquía, cuyo nombre es bien conocido por los esoteristas de Occidente.

Su información, formación y estímulo me han permitido llevar a cabo el trabajo al que estoy dedicado: dar a conocer que Maitreya, el Cristo, el guía supremo de la Jerarquía de

Maestros, está en el mundo. Él está en Londres desde julio de 1977. Allí vive y trabaja como un hombre moderno, interesado por los problemas actuales – políticos, económicos y sociales. Es un instructor espiritual, pero no religioso, un educador en el sentido más amplio de la palabra, mostrando la salida de la presente crisis mundial.

Uno de los medios por los que mis colaboradores y yo difundimos esta información es la revista mensual *Share International*. Desde sus comienzos, en enero de 1982, mi Maestro ha sido tan amable de escribir un artículo para cada número, y, que yo sepa, esto convierte a *Share International* en la única revista del mundo que incluye a uno de los Maestros entre sus colaboradores.

Los artículos contienen una riqueza de sabiduría, percepción e información. En uno de los artículos, mi Maestro explica Su propósito al escribir estos artículos (Mayo 1992).

"Ha sido Mi empeño a través de los años, presentar a los lectores de esta revista un retrato de la vida que está por delante, inspirar un enfoque positivo y feliz a ese futuro y equiparles con las herramientas de conocimiento con las que tratar correctamente los problemas que a diario surgen en el camino. Desde Mi situación de privilegio en experiencia y visión, he buscado actuar como 'vigilante' y guarda, para advertir del peligro cercano y permitirte a ti, el lector, actuar con valor y convicción en el servicio al Plan.

"Para muchos, esto no ha sido una labor desempeñada en vano; muchos han encontrado en Mis palabras tanto inspiración como orientación. Muchos esperan con avidez su libación mensual de verdad. Otros leen, con calma, con mirada distante y aún una más distante mente y corazón, mientras que otros nuevamente están desconcertados y no saben qué pensar."

Hemos ahora recopilado todos los artículos del Maestro en un tomo desde el primer ejemplar de la revista de enero de 1982 hasta diciembre de 2003, bajo el título de *Un Maestro Habla*. Esto es para representar la riqueza de la sabiduría para los lectores en su conjunto. Espero que encontréis Sus palabras inspiradoras y relevantes. El nombre de mi Maestro se dará a conocer después de que Maitreya el Cristo se haya presentado y haya realizado su apelación pública a la humanidad, un suceso que creemos está ahora cerca.

Benjamin Creme, Marzo 2004

Nota del Editor para el Tomo II

Este libro, *Un Maestro Habla, Tomo II*, contiene artículos dictados por el Maestro de Benjamin Creme y publicados en la revista *Share International* desde enero de 2004 hasta diciembre de 2016. Hace mucho tiempo que estaba en preparación y fue planificado con la cooperación y aprobación de Benjamin Creme. Lamentablemente, él falleció en octubre de 2016, unos meses antes de que se completara. Este libro se publica ahora en su memoria y puede considerarse como un volumen de despedida, que marca el fin del trabajo en vida de Benjamin Creme con su Maestro. El legado de su trabajo vive en este nuevo tomo, un producto de la estrecha relación entre ambos.

Una breve explicación del proceso involucrado en la recepción de los artículos podría ser de interés. El Maestro de Benjamin Creme dictaba los artículos telepáticamente a través de un proceso de adumbramiento mental, pero requería de Benjamin Creme –como receptor de los artículos– la capacidad de mantener su atención en el plano Búdico, el nivel de la intuición espiritual. A juzgar por sus descripciones, la recepción de estos artículos requería una considerable concentración sostenida. A veces el proceso parecía fluir fácilmente mientras en otros momentos parecía, desde el punto de vista de un observador, necesitar de más energía y esfuerzo.

Los lectores notarán que los artículos gradualmente se fueron haciendo más cortos y que en algunos meses no se dieron nuevos artículos. Este fue el caso en 2015 y 2016 y fue debido al deterioro de la salud de Benjamin Creme. Él para entonces tenía más de 90 años. Era un servicio que él gustosamente llevaba a cabo y consiguió reunir suficiente fuerza para transmitir una declaración final breve e inspiradora de su Maestro sólo 19 días antes de fallecer.

Como **Apéndice** a los artículos del Maestro, hemos incluido Mensajes de Maitreya comunicados a través de Benjamin Creme durante sus entrevistas entre los años 2000 y 2010.

Desde Octubre de 2007 *Share International* empezó a publicar la fecha en la cual el artículo fue dictado por el Maestro de Benjamin Creme. Por tanto se indican dos fechas al final de cada artículo.

La promesa de los Maestros

Al tiempo que las oscuras nubes de guerra se acumulan y oscurecen el soleado cielo de paz, la respuesta de la humanidad es doble: aceptación muda y conformidad con la voluntad de los belicistas, o una resistencia activa y enérgica a sus planes y estratagemas. Hoy, vemos ambas reacciones en igual medida. La mitad del mundo está atrapado en el espejismo de 'una guerra contra el terrorismo' (sin reconocer la causa subyacente) y en el terrorismo mismo. La otra mitad deplora tanto el terrorismo y la falta de comprensión de su origen. Ellos saben que sólo los cambios, a gran escala, tienen la clave para poner fin a este mal atroz, y piden a los líderes de las naciones que reconozcan y aborden las desigualdades que tan injustamente dividen al mundo.

Este último grupo debe crecer e incrementar su resistencia a los planes de aquellos, ahora en el poder, que tanto amenazan la estabilidad del mundo. Ellos deben encontrarse unos a otros y trabajar juntos, sabiendo que trabajan y hablan por la vasta pero silenciosa mayoría que comparte su anhelo por la paz y la justicia manifiesta.

La paz sólo llegará cuando reine la justicia, cuando el compartir haya abierto los corazones de los hombres y les haya despertado a la confianza. Así los hombres deben trabajar y hablar alto en nombre de la justicia y el compartir que por si solos traerán el fin al sufrimiento de los hombres, al terrorismo y la guerra. Nosotros, vuestros Hermanos Mayores, estamos preparados para hacer Nuestra parte. Potenciaremos todas las acciones realizadas en nombre del Bien Común. Esperamos la oportunidad para manifestar Nuestra fortaleza; para ayudar a corregir los errores del pasado; para mostrar a los hombres la inutilidad de la guerra. Nosotros prometemos nuestro apoyo a todos aquellos que piden el fin de la guerra, la restauración de la cordura y el equilibrio en los asuntos de los hombres, la creación de justicia y libertad para todos. Ayudadnos a ayudaros. Ayudadnos a realizar Nuestra parte. Anhelamos actuar, como siempre, en el interés del Bien Común, que, a Nuestro entender, es en el mejor interés de todos los hombres. Así es que Nosotros defendemos el compartir; así Nosotros aconsejamos la justicia; así Nosotros vemos la libertad y la paz como la culminación del compartir y la justicia.

Trabajemos juntos para el rescate de este mundo. Abandonemos las diferencias en beneficio de la raza. Que la cordura triunfe y lleve a los hombres a ver su necesidad mutua de paz, y la restauración de un mundo enfermo.

Muchos esperan el futuro con pavor, temerosos de que el hombre haya perdido su camino, de que ahora sea demasiado tarde para encontrar el sendero hacia la paz. Nosotros sugerimos lo contrario. Nosotros sabemos que el sendero hacia la paz es sencillo de encontrar, que sólo necesita la creación de justicia y confianza. Nosotros sabemos que sólo el compartir engendrará esa confianza, y llevará a los hombres a abandonar tanto el terrorismo como la guerra. Así será, y así los hombres responderán al mensaje de Maitreya de Fraternidad y Justicia, libres al fin de los espejismos del temor y la desconfianza, preparados a crear el futuro en acción y en alegría.

Enero/Febrero 2004

Una nueva serenidad

No pasará mucho tiempo hasta que el mundo comprenda que algo bastante extraordinario está teniendo lugar. Ya, surgen señales de que muchas personas se están haciendo conscientes de una nueva atmósfera, un nuevo giro de pensamiento, difícil de catalogar o describir, que les da esperanza y alivia el estrés del pasado reciente. Algo, intangible pero firmemente presente, está haciéndose sentir a gran escala.

Aquellos que saben, por supuesto, de la presencia de Maitreya y Su Grupo, han experimentado mucho tiempo este sentimiento de bienestar y alegría serena, esta garantía segura de que todo irá bien, sin importar las circunstancias del día. En números crecientes, ahora, este sentido de seguridad y bien final entre el caos y los desafíos del presente, se fortalece. Lentamente y de forma segura, las personas se están despertando a la presencia de algo que no conocen, pero tenuemente sienten que es para el bien y la seguridad de todos.

Así el Gran Señor alivia el dolor de las actuales condiciones y prepara a las multitudes a responder a Sus palabras. Así Él asegura su entendimiento de las prioridades de la compleja situación internacional que amenaza el bienestar de todos.

Muchos se sorprenderán de su inusual calma y objetividad en condiciones de estrés. Muchos más se asombrarán de su pronta tolerancia hacia antiguos oponentes y rivales. Así el Gran Señor trabaja para mitigar el sufrimiento de tantos.

A su momento, los hombres asociarán su recién descubierta calma con Aquel que habla con tanta simpleza sobre la confianza, el compartir y la paz. Ellos reconocerán que la simplicidad oculta una profunda comprensión de la condición humana y de las necesidades de todos. Así animados, ellos seguirán lo que Él defiende y elevarán sus voces en respuesta. Así la Voz del Pueblo crecerá en fuerza y propósito y, resonando en todo el mundo, demandará alto a los líderes cordura, justicia y paz. Entonces los hombres de poder comenzarán a comprender que sus días han terminado, que el pueblo comprende y exige su derecho divino a salud y felicidad, libertad y justicia, confianza y paz bendita.

Así será, y así los pueblos de la Tierra exigirán que el Gran Señor les hable directamente, para cimentar su creciente unidad, y para indicar los pasos hacia la transformación del mundo. Entonces Maitreya revelará Su verdadera identidad y naturaleza. El Día de la Declaración será para la humanidad un nuevo comienzo, e inspirará de los hombres, como nunca antes, lo mejor de ellos.

Marzo 2004

El triunfo final

Cuando una nación llega a la edad adulta, se relaciona con otras naciones de una forma completamente diferente que hasta la fecha. Comienza a respetar el Imperio de la Ley, que liga a todas las naciones juntas en responsabilidad y necesidad mutua. La señal de una creciente madurez es precisamente este respeto por las leyes que los hombres han encontrado necesarias para vivir juntos en paz.

De vez en cuando, una nación podría sentirse lo suficientemente poderosa para ignorar la ley que importuna su ambición de dominar, y emprender la guerra a pesar de las advertencias de moderación por parte de sus amigos.

Así es como hoy, Estados Unidos, actualmente, sola, una 'superpotencia', disgusta y preocupa a los pueblos de naciones más maduras que han crecido hasta ver la necedad de la acción fuera del Imperio de la Ley.

La joven y demasiado confiada 'superpotencia', flexionando sus músculos, se sobreesforzará, y cuanto antes suceda esto, más seguro para el mundo. Ya un constante y creciente caos reclama su debido coste en vidas, tanto norteamericanas como iraquíes. El precinto de la Caja de Pandora se ha roto y de ella ha salido un monstruo, fuera de control. Ciertamente, la administración de EEUU muestra toda la buena cara que puede, pero detrás de la escena, están realmente preocupados, y buscan desesperadamente un método de retirada que no sea vergonzoso.

Mientras tanto, el derrotado ejército iraquí libra una guerra de guerrilla con cierto éxito, mientras grupos religiosos, aprovechando su oportunidad, incrementan la tensión con llamadas a una guerra civil. Así, la suprema aventura del presidente norteamericano, diseñada para demostrar la invencibilidad de Estados Unidos, poco tiene que mostrar de sus esfuerzos y todavía mucho que perder.

Cuando, al fin, el gobierno de EEUU vea la locura de su temeraria e innecesaria guerra, por supuesto no admitirá esto ante el mundo. En su lugar, buscará obtener el apoyo de Naciones Unidas para salir de esta metedura de pata embarazosa, y, si es posible, echarán la culpa a otros.

Cuando, entre las naciones, se ignora el Imperio de la Ley, todo el mundo sufre. Así, hoy, la tensión que ha acompañado esta fútil demostración de poder militar afecta a millones de personas, inocentes de cualquier acción terrorista o caos. El mundo está ahora luchando con epidemias de todo tipo mientras el sistema inmune se colapsa bajo el estrés. Si los belicistas comprendieran los efectos kármicos de sus acciones imprudentes, bien podrían llegar a enmendar y buscar otra alternativa.

Maitreya, mientras tanto, observa cuidadosamente esta situación poca armoniosa, listo para intervenir si fuera necesario, preparado para emerger cuando sea posible. Recordad que Maitreya no tiene dudas sobre el triunfo final de aquellos que están detrás Suyo, que valoran la paz y la justicia, la libertad y el amor. Él sabe que son el motivo principal de la existencia humana y viene para ver que sean instaurados en todo.

Abril 2004

El sendero al Sol

A menudo se puede observar que las personas no siempre creen la evidencia de sus propios ojos. Por ello el rechazo a muchas experiencias que podrían haber sido valiosas para ellos mientras buscan significado y propósito en sus vidas. Es común, por ejemplo, que no crean haber visto un ovni, como generalmente se les conoce, cuando todas las evidencias muestran lo contrario. Las personas aborrecen aceptar lo nuevo y desconocido, a pesar de que si lo hicieran así obraría en su beneficio. De esta manera, ellos inhiben su conciencia despierta y su crecimiento.

Desde ya hace muchos años, las naves procedentes de nuestros planetas hermanos han surcado nuestros cielos, realizado un inconmensurable servicio en nuestro nombre, y, de tanto en tanto, proporcionado una evidencia amplia e inspiradora de su realidad y presencia. En una, dos e incontables ocasiones, han trabajado altruistamente para mitigar, dentro de la Ley kármica, los nocivos resultados de nuestra estupidez e ignorancia. Muchos en la Tierra les han visto, han sentido respeto y admiración de su obvia maestría del espacio, y, temerosos del ridículo, han mantenido el silencio. Así el conocimiento de su realidad y la agradecida comprensión de su propósito se ha perdido para el hombre. ¿Por qué esto debe ser así? ¿Por qué los hombres rechazan aquello que sería para su mejora aceptar y comprender?

Existen diversas razones por las cuales los hombres se comportan de esta forma tan irracional. La principal de todas es el temor. El gran temor paralizante de una posible destrucción yace profundo dentro de la psique humana, listo para emerger y condicionar todas las reacciones, todos los gestos espontáneos de esperanza y admiración. Siempre ha sido así, ciertamente, para tantas personas.

Los gobiernos y los medios de comunicación de la mayoría de países han fracasado en su deber de educar e iluminar a las masas. Mucho saben muchos organismos gubernamentales y se oculta al público. Sobre todo, la inofensividad de los ovnis, incluso cuando se sabe, nunca se afirma. Por el contrario, todo lo relacionado con ellos, mientras se envuelve en un vago misterio, se presenta como una amenaza.

Las personas en posiciones de poder y control saben que si las personas conocieran la verdadera naturaleza del fenómeno ovni, y les percibieran como enviados de civilizaciones mucho más avanzadas que la nuestra, ya no aceptarían, pasivos y mudos, las condiciones de vida en la Tierra. Demandarían que sus líderes invitaran a estos invitados aéreos a aterrizar abiertamente, y a enseñarnos cómo vivir y realizar de la misma manera.

El tiempo no está lejos en el cual esto será así. El momento está llegando cuando la verdadera naturaleza de la vida en los planetas además de la Tierra será de conocimiento común. Cuando los hombres comiencen a pensar en el Sistema Solar como un todo interrelacionado, los planetas en sus diversos puntos de evolución, pero todos trabajando juntos para cumplir el Plan del Logos Solar, y para ayudar y sustentarse entre ellos en el sendero.

Mayo 2004

La elección final

Cuando la humanidad vea, al fin, la locura de su actual fascinación con la violencia y la guerra, y descarte los medios para llevar a cabo sus actos de violencia, experimentará una extraordinaria transformación. Las primeras señales de este tan bienvenido cambio en el comportamiento humano pueden verse en millones de personas que ahora se manifiestan denunciando la guerra y pidiendo justicia y paz. Estas manifestaciones, espontáneas y mundiales, son una indicación segura de que la humanidad está preparada a renunciar al pasado, y, cuando sea conducida apropiadamente, a cambiar de dirección. Este momento se acerca rápidamente.

En medio del trauma y las condiciones estresantes del presente, una nueva visión del futuro se está presentando a los corazones y mentes de millones de personas que, en mayor o menor grado, responden. Los hombres están despertando a la necesidad de paz si la humanidad quiere sobrevivir. Pocos hay que dudan de esto en sus corazones, por mucho que podrían estar implicados en la guerra. El marco está así creado para la elección final ante la humanidad.

Para el espectador medio, el mundo está rasgado y dominado por aquellos que no comparten la visión de paz, que sólo ven oportunidades para la riqueza y el poder en cada conflagración. Aunque estos son muchos, la mayoría de los hombres están cansados de la inutilidad de la guerra, y buscan estrategias para poner fin a tal locura para siempre. En sus corazones arde la esperanza de un nuevo tiempo de paz y progreso para todos. Estas personas, en todos los países, representan la esperanza del mundo.

Es a ellos a quienes Maitreya se dirigirá en Su emerger. Es a ellos a los que Él presentará la visión del futuro, incluso ahora. Ellos, en sus muchos millones, responderán rápidamente a Su defensa, y encenderán la esperanza de todos.

Así Maitreya persuadirá a los hombres que más conflicto temerario es inútil y peligroso. Que los problemas de hoy son globales y no pueden resolverse con la guerra. Que sólo la cooperación traerá a los hombres paz y abundancia. Que sólo como hermanos, mano con mano, podrán entrar en el nuevo mundo que espera de su cuidado.

Así los hombres decidirán, y volverán la espalda al abismo. Así demostrarán su elección por la vida y la felicidad, y, con ojos encendidos de esperanza, comenzarán juntos la labor de reconstrucción del mundo.

El momento de decisión está cerca, casi sobre nosotros. Maitreya está preparado, impaciente de mostrar el camino, indicar la nueva dirección. Millones de personas esperan Su consejo e inspiración, sabiduría y amor. Maitreya garantizará el futuro para todos.

Junio 2004

Los Instructores y los instruidos

Muchos son los momentos, a través de su larga historia, en el que el hombre ha perdido su camino, pero nunca, hasta ahora, se había desviado tanto de su sendero destinado. Nunca, antes, ha tenido tal necesidad de socorro, y nunca, hasta ahora, esa ayuda ha estado tan fácilmente disponible. Durante largas eras, la Ley ha restringido la medida de ayuda que podía proporcionarse; el libre albedrío del hombre es sacrosanto y no puede infringirse. Ahora, por primera vez en incontables siglos, se puede proporcionar más ayuda como nunca antes. Ahora, en su momento de mayor necesidad y desesperación, las generosas manos de sus Hermanos Mayores están abiertas, y proporcionan el socorro que anhela.

Todo lo que se requiere es la petición del hombre mismo. Todo lo que se necesita es la buena disposición a aceptar el consejo y la sabiduría de la Fraternidad, y de cambiar dirección.

Muchas personas en este tiempo de crisis han perdido la esperanza y esperan temerosos el fin de todo. Ellos no saben nada de la esperanza que llena su futuro y languidecen en medio del cambio. Muchos más están impaciente con el presente y buscan el cambio a toda costa. Ellos perciben la llamada del futuro con algo que no saben qué es, y se consumen en la impaciencia por su afán de experimentar lo nuevo. Todos están sujetos a la influencia de las tensiones y el estrés que caracterizan este momento de cambio, y, a la luz de su disposición, reaccionan acordemente.

En esta compleja situación los Maestros realizan Su acercamiento. Ellos deben actuar de forma que el libre albedrío del hombre no se transgreda, no obstante buscar ayudar de toda forma que la Ley permita. Preciso será el juicio necesario en muchas circunstancias y casos hasta que un se desarrolle modus operandi que sea aceptable para todos.

Nosotros, vuestros Hermanos Mayores, aconsejamos el proceso democrático, con plena participación, como aquello que trae libertad y justicia para cada uno. No obstante, habrá muchas veces en que Nuestra experiencia de muchas eras y posición ventajosa en evolución será para provecho y mejora del hombre aceptar.

Así trabajaremos juntos, los Instructores y los instruidos, en armonía y confianza; y así aprenderá el hombre las formas del pasado, de sus antepasados, y traer así su inspiración en línea con su propósito preordinado.

Así será, y así el hombre comenzará a realizar lo esencial de la vida, y comenzará a descartar la multitud de apegos inútiles que actualmente distorsionan su visión, crean su infelicidad y amenazan su misma existencia.

Pronto, Maitreya, el Maestro de los Maestros, comenzará Su misión abierta. Pronto, los hombres serán capaces de escuchar Sus enseñanzas y de valorarlas por sí mismos. Muchos encontrarán en ellas la Verdad tan sencillamente evidente que con rapidez se unirán a Su grupo de guerreros y compartirán Su carga. Que todos los que lean estas palabras estén entre ellos.

Julio/Agosto 2004

El sendero hacia delante

Antes de todo cambio en la conciencia humana hay una pausa, un momento de quietud, en el cual los logros del pasado se revalúan y, si se encuentran deficientes, se descartan. Así es en la actualidad mientras el hombre valora lo que es relevante y necesario de preservar para uso futuro, y qué es indispensable en la luz de su creciente conciencia despierta y comprensión. Dejado a su propio destino, este período para el hombre sería realmente largo. Muchos son los experimentos que debería realizar, y muchas son las posibilidades de error que tendrían lugar, antes de encontrar el sendero correcto y tomar los pasos adecuados.

De ahora en adelante, el hombre puede aprovecharse, si así lo escoge, de la ayuda y experiencia de Nosotros, sus Hermanos Mayores, que estamos preparados para ayudar e inspirar cuando se nos pida hacerlo. Este es ahora un momento sin precedentes, cuando los Ayudantes están a disposición en cualquier situación, cuidadosos de mantener el libre albedrío divino del hombre, pero dispuestos con entusiasmo a proporcionar Su sabiduría ancestral y su experiencia y conocimiento laboriosamente conseguidos.

Mucho de lo que hoy parece importante pasará a mejor vida, para ser reemplazado por formas de vida y relaciones más sencillas y naturales. Desaparecerá, podéis estar seguros, la blasfemia de millones de personas muriendo innecesariamente de carencias en medio de una abundancia desbordante. Desaparecerá, también, la intolerancia que tanto desfigura actualmente el espíritu humano. Desaparecerá, para siempre, el impulso de dominar, someter y explotar los recursos y el territorio de naciones más pequeñas y débiles. En su lugar crecerá un nuevo realismo, una comprensión de la interconexión de todos los hombres y sus derechos y obligaciones mutuos. Los hombres y las naciones buscarán vivir por el imperio de la ley y los requisitos de paz y seguridad para todos los hombres.

Pronto, el comienzo de tal proceso hará su aparición. Ya, los hombres cuyos ojos están sintonizados al futuro están haciendo conocer sus ideas y están obteniendo atención. Cada vez más, muchos se girarán hacia ellos para seguridad y orientación, y de esta forma el nuevo pensamiento echará raíces. Gradualmente, una transformación tendrá lugar en el pensamiento humano e, inevitablemente, lo viejo dará lugar a un nuevo y más sano enfoque a los problemas de la vida. Así, en un caldero ardiente, la forma del futuro se está modelando ahora. Los contornos, todavía, son tenues e imprecisos, aunque suficientemente claros, para aquellos cuyos ojos agudos, para dar seguridad y esperanza de que el hombre se está despertando a su verdadera identidad y propósito, y, a pesar de las vicisitudes del momento, está bien situado en su sendero hacia delante.

Septiembre 2004

Una llamada a la cordura

Los ciudadanos de Estados Unidos de América se acercan a un momento de decisión crítica. De su decisión, en noviembre, este año, puede depender la felicidad futura de muchos millones de personas, no sólo norteamericanas, sino de muchos otros países. Uno hubiera pensado que esta decisión no sería difícil de tomar, que la elección era sin duda obvia para todo aquel que valorara la paz y la correcta relación.

Sin embargo, parece que existen personas que piensan de otro modo, que se reservan el derecho a invadir otros países con el pretexto de que estos podrían estar tramando hacerles daño. Tal acción preventiva, uno hubiera supuesto, había sido abandonada hacia tiempo por los estados modernos y civilizados, y relegada al pasado ilegal del hombre.

Así, lamentablemente, no estamos seguros. La actual administración Bush, lejos de mostrar remordimiento por su injusta y cruel invasión de Irak, asegura orgullosamente, si es reelegida, su firme resolución de continuar su programa de pillaje en su 'guerra contra el terrorismo'.

Librar una 'guerra contra el terrorismo' es luchar contra un fantasma, un ejercicio inútil, costoso y peligroso. El terrorismo es la Hidra, un monstruo de muchas cabezas: cada cabeza cortada, como Hércules descubrió, es reemplazada por dos. Esta administración de EEUU, en su arrogancia e ignorancia, ha caído ciegamente en la trampa. Aquellos que sufren son el pueblo norteamericano, sus víctimas y el mundo en su conjunto.

No existe sino una forma de abordar el terrorismo, para poner fin, para siempre, a este cáncer entre nosotros: buscar su causa.

Existen, por supuesto, varias causas del terrorismo, pero sobre todas en importancia está la desequilibrada distribución de los recursos del mundo. Esto crea el peligroso abismo entre las naciones que impulsa a los hombres a utilizar el terrorismo para realizar sus sueños. Son hombres desesperados, que sienten que no tienen nada que perder. Existe un inmenso ejército sin explotar de tales personas desesperadas dispuestas a morir, si es necesario, por la justicia que ellos anhelan que, correctamente, la ven como propia.

Ninguna 'guerra contra el terrorismo' puede derrotar a tal ejército. Ninguna postura arrogante puede alejarles de los bastiones del mundo occidental.

Ninguna nación, por muy poderosa, puede por sí misma derrotar al terrorismo. Nace de la injusticia que desfigura a este mundo.

Sólo cuando los hombres aprendan a compartir verán el fin del terrorismo. Sólo a través del compartir puede realizarse la meta de justicia y libertad. Nuestra petición a vosotros, ciudadanos de la gran y bendecida nación de Estados Unidos de América, es que reflexionéis cuidadosamente, y desde el corazón, como es vuestra costumbre, cuando emitáis vuestro voto. Emitid vuestro voto por la paz, la justicia y el imperio de la Ley.

Octubre 2004

La elección de Norteamérica

Cuando los ciudadanos norteamericanos acudan a las urnas en noviembre, tendrán la oportunidad de cambiar el curso de la historia. De su decisión depende en gran medida el estilo y la estructura del futuro inmediato. Si escogen sabiamente, elegirán a un Presidente comprometido en fomentar el bienestar de todos los que anhelan la paz y la justicia en nuestro turbulento mundo; que comprenden que la paz y la justicia son el resultado de la confianza, y que están preparados para compartir los inmensos recursos de su país para crear esa confianza.

La alternativa es demasiado terrible de contemplar: un creciente programa de guerra y terrorismo y contraterrorismo; un control más estricto de las libertades tradicionales del pueblo norteamericano; una ruptura de las relaciones con otros países; y una reputación de 'paria' entre las naciones del orgulloso Estados Unidos. ¿Quién conscientemente realizaría tal elección?

Al acercarse el día del destino, las mentes de muchas personas se vuelven al hostigado pueblo de Norteamérica que, ahora, tantos menosprecian y odian. Ellos rezan por la liberación de sus pueblos de los crueles y crudos exponentes del poder ilegal y usurpado. Ellos piden que cada norteamericano amante de la paz alce su voz contra los instigadores de la guerra de la actual administración, y que emitan su voto de igual manera.

Por supuesto, Norteamérica no es la única culpable de las desigualdades del mundo, el cáncer básico entre nosotros, la fuente de todos nuestros problemas. Comparte la culpa con todos los países desarrollados que ignoran completamente y cabalgan sobre los pobres y los luchadores, y deben despertarse a esta principal fuente de tensión –y de terrorismo.

Allí yace la culpa del mundo Occidental: estos países 'exitosos' deben su riqueza y dominio principalmente a la historia, y a su capacidad de manipular la economía mundial para su propio beneficio a través de 'fuerzas del mercado' agresivas. Los pobres y desposeídos del mundo exigen ahora su parte. Si este simple derecho de justicia no se aborda y remedia, el mundo no conocerá la paz. El terrorismo recrudecerá y se convertirá en guerra, que amenazará el futuro de los pueblos de la Tierra.

Nosotros, vuestros Hermanos Mayores, no podemos quedarnos de lado y observar mientras el mismísimo futuro del mundo está amenazado. Norteamérica es una gran nación con mucho bien para dar al mundo. Tiene ahora que despertar al anhelo de su alma de servir, de vivir en paz y justicia, y, juntos, en armonía y cooperación, trabajar con todas las naciones para rehacer este mundo.

Estas elecciones pueden ser un gran punto decisivo en los asuntos de los hombres. Emitid vuestro voto, Nosotros os rogamos, por la justicia, el compartir y la paz.

Noviembre 2004

Norteamérica a la deriva

Es sólo cuestión de tiempo antes de que el pueblo de Estados Unidos comprenda que ha realizado un grave error. Han readmitido, aunque con la ayuda de muchos votos robados, a un hombre y una administración dedicados a la creación de división y odio, tanto nacional como internacionalmente.

Ellos observarán compungidos un ataque a sus libertades que ostentan con orgullo; verán un brusco descenso de su estándar de vida mientras el gobierno, por necesidad, lucha por abordar sus enormes deudas; serán testigos de una pérdida de confianza en su divisa y un acentuado revés en el comercio con sus socios comerciales tradicionales. La calamitosa invasión de Irak continuará supurando, tanto en Irak como en otras partes del mundo. Reaccionando al temor y odio que esta administración ha engendrado casi de forma universal, la tendencia será que las personas miren internamente, y vuelvan sus espaldas incluso más de lleno al mundo.

Un gran problema al tratar con esta administración es la poderosa ilusión bajo la cual trabaja: de que está inspirada por Dios y por ello en Gracia divina, ayudando a restablecer el mundo y mensaje cristiano a su antiguo poder y gloria. Así EEUU ha dado un enorme paso hacia atrás, aislándose de las verdaderas preocupaciones de gran parte del mundo: la contaminación medioambiental y las demandas de un planeta que sufre bajo el estrés de un desastre inminente.

Estados Unidos descubrirá que el mundo no se quedará inmóvil. Con o sin la cooperación norteamericana, las naciones continuarán como mejor puedan abordando los muchos problemas ecológicos y sociales que nos acosan, y que tan urgentemente deberían abordarse. Norteamérica se verá dejada atrás e ignorada, y sólo entonces estará preparada para 'liderar' el camino.

Esta administración está, incluso ahora, deleitándose con su victoria, y sopesando los pros y contras de la subsiguiente acción. Frustrada y tomada desprevenida por los sucesos en Irak, debe ahora hacer una pausa durante un tiempo antes de considerar más violencia. Pero la bravuconería y retórica continuarán sin duda, esperando amedrentar y conquistar sólo con las amenazas. Mientras tanto, grandes cambios en muchos países están teniendo lugar, liderando un profundo cambio en el equilibrio de poder del mundo. China e India, Sudamérica y Rusia, están encontrando su horma y potencial económico. África está comenzando a recibir, al fin, la preocupación y buena voluntad de poderosos gobiernos y organismos, y puede esperar tiempos mejores.

Así el mundo se está alejando del dominio del poder y riqueza norteamericanos, y traza otro sendero para cumplir su destino.

Si Estados Unidos insiste en su derecho a la acción unilateral, se encontrará abandonado e ignorado en los planes y proyectos internacionales, su economía se deteriorará aún más, y su pueblo perderá la fe y confianza en la acción gubernamental. Sin amigos, y con una fortaleza menguante, se verá forzada a cambiar, y a renovar el diálogo con sus antiguos amigos.

El emerger de Maitreya acelerará el proceso de esta transformación y asegurará su grata finalización.

Diciembre 2004

Fuera de la oscuridad

De vez en cuando, las fuerzas naturales del planeta demuestran su poder irresistible de una forma destructiva y desagradable para los hombres.

Así sucedió en la reciente catástrofe en el Océano Índico. La triste y repentina pérdida de miles de vidas, y el daño sin precedentes a casas y otros edificios, han conmocionado al mundo y evocado una extraordinaria respuesta: por primera vez, las naciones, Oriente y Occidente, Norte y Sur, se han unido en la ayuda espontánea. Los gobiernos están siendo apremiados por sus pueblos para dar, y para cancelar las deudas pendientes de los países más pobres. La ola de simpatía para los desvalidos se ha manifestado también como una preocupación por los millones de personas necesitadas de todos los países en desarrollo del mundo y es una señal segura de que las personas están preparadas para Maitreya.

Ninguna indicación más clara podría darse de que así es el caso. Nadie puede dudar de la sinceridad de su preocupación; la tragedia del tsunami ha abierto los corazones e inspirado las voces de millones de personas para la creación de justicia y la transformación del mundo.

Al fin, estas voces se están escuchando. Al fin, las energías beneficiosas de Maitreya están encontrando respuesta en los corazones de muchas personas todavía no conscientes de Su presencia. Por fin, los gobiernos de los ricos están respondiendo a la demanda de sus pueblos de justicia y paz. Ellos sienten que su futuro, también, depende de escuchar la voz del pueblo, elevándose con una nota cada vez más clara y poderosa.

Que los gobiernos comprendan: la voz del pueblo es la voz de la sabiduría. Es una llamada al realismo y a la verdad, para la única acción que conducirá a un mundo sano y mejor. Aquellos gobiernos que no escuchen esa voz fracasarán, y perderán autoridad y la confianza del pueblo.

Maitreya, mientras tanto, aguarda el momento para emerger, juzgando finamente los pros y contras. Él da la bienvenida a las señales de la preparación de los hombres, y sabe que el momento no está lejos. Él da la bienvenida a la oportunidad de trabajar abiertamente para la humanidad y el Plan. De esta forma, Su poder y efectividad se incrementan inconmensurablemente.

También, de esta forma, Él puede trabajar directamente con los hombres, mostrando Su preocupación por el bienestar y confort de ellos, Su comprensión de sus necesidades y dificultades, Su conciencia despierta de sus problemas y de cómo pueden solucionarse. Él desea ser visto como un hermano y amigo, un padre sabio cuyo consejo es beneficioso y verdadero, un compañero de ayuda y un socio en el viaje hacia un futuro radiante que espera a todos los hombres.

Sed pacientes, por tanto, un poco más, y sabed que a pesar de los problemas y dificultades, del dolor por la pérdida, el Plan de la transformación del mundo y la salvación de los hombres lleva camino de la victoria, y que todo irá bien.

Enero/Febrero 2005

La labor de Maitreya

Cada vez está más claro que el ritmo del cambio está creciendo constantemente en todo el mundo. Los acontecimientos se suceden de forma tan rápida que pocos pueden discernir la lógica de la secuencia por la cual lo nuevo suplanta a lo viejo. Nosotros, vuestros Hermanos Mayores, reconocemos lo inevitable de este proceso y lo observamos con satisfacción, sabiendo, como lo sabemos, que todo se mueve hacia la más perfecta expresión del Plan.

Para los hombres, sin embargo, éste es un momento de prueba y problema mientras buscan comprender y afrontar los efectos de sus acciones. La lógica de los acontecimientos se les escapa y les hace dudar de la divinidad en la cual han depositado su confianza. Así, para los hombres, siempre ha sido, mientras luchan ciegamente para imponer su voluntad o escapar a las consecuencias de sus esfuerzos.

Al pasar de una era a otra, tales periodos de tensión e indecisión se repiten una y otra vez. Cada nueva era trae al mundo fuerzas nuevas y poco familiares que gradualmente se imponen en los hombres e invocan respuesta. Así sucede ahora, mientras los hombres buscan vagamente por la nueva dirección que las energías de la nueva era les exigen. Hay algunos que perciben el camino y buscan educar a sus hermanos en la acción requerida. Muchos, no obstante, temen el cambio y sólo ven un inminente caos y ruptura si los 'radicales' se salen con la suya.

En este mundo dividido ha venido el Cristo. Suya es la labor de reconciliar estos grupos dispares y traer orden de la presente confusión y tumulto. Que la suya no es una labor sencilla debería ser aparente para todos. Que la brecha entre los grupos es enorme y enraizada es igualmente clara.

¿Cómo, entonces, debe Él trabajar para cerrar el abismo entre lo viejo y temeroso y lo nuevo en ciernes? ¿Cómo, también, puede Él contrarrestar el profundo materialismo que es el sello del tiempo presente? ¿Cómo abordar la intolerancia de los grupos religiosos y ayudarles a experimentar la unidad?

Presentándose como un hombre entre los hombres, Maitreya no hará reivindicaciones, ni exigirá lealtad. Simple y directo será Su enfoque, moderadas y calmadas Sus maneras. Su claridad de mente llamará la atención. Su sabiduría superará los temores de los hombres. Su sinceridad de expresión derretirá los corazones de los hombres y eliminará la carga del odio y la codicia. Así los hombres experimentarán una nueva aparición de la divinidad, una que les incluirá en su manifestación, y no percibe distancia o separación.

Como la Encarnación y Agente de poder y amor cósmicos, Maitreya abrirá los corazones de todos los que puedan responder, y, alejando a los hombres del temor y división del pasado, les preparará para la gloria del futuro.

Marzo 2005

El fin de la corrupción

Cada vez más, las naciones están comenzando a reconocer, a tomar seriamente y a tratar, un problema ancestral, conocido como corrupción. En algunas partes del mundo la corrupción ha sido una forma de vida durante siglos. Esto ha beneficiado a los pocos, por supuesto, a expensas de los muchos. Durante incalculables eras, líderes corruptos y poderosos políticos se han enriquecido con los impuestos gravados a sus sujetos y ciudadanos. En tiempos modernos, las grandes empresas de Occidente han sido acusadas de 'manipular los libros' a una escala masiva, mientras que en Oriente, se da por hecho que cualquier transacción necesita el 'soborno' en la palma de alguien.

La corrupción es endémica, y se extiende en algunas sociedades desde el presidente o primer ministro hasta la policía y el deporte. La corrupción electoral está muy extendida, como lo han demostrado elecciones recientes, incluso en países supuestamente dedicados a la liberad y la democracia. Tales gobiernos corruptos defraudan y traicionan a sus pueblos y así renuncian a su derecho de gobernar.

¿En medio de tal corrupción es posible engendrar confianza sin la cual el futuro de los hombres sería realmente desolador? Sin confianza, un compartir más justo de los recursos sería una esperanza vana. Sin confianza, las decisiones globales necesarias para sustentar nuestro hogar planetario nunca se tomarían. Sin la confianza bendita y benéfica, los hombres perderían su derecho de Supervisión del Planeta Tierra, y cerrarían durante eones su acceso a más evolución.

Así sería, y así los hombres deben abordar seriamente, y sin dilación, el impacto corrosivo de la corrupción en todos los estratos de la sociedad, y en todos los rincones de nuestra vida planetaria.

Para ayudar a los hombres a hacer esto, podéis estar seguros de que Maitreya se afanará para demostrar a los hombres el efecto erosionante de la corrupción en todas sus muchas manifestaciones. Él mostrará que si los hombres quieren convertirse en los Dioses que esencialmente son, deben abandonar las viejas formas de engaño y subterfugio. Para abordar los graves problemas medioambientales, Él explicará, los hombres deben trabajar juntos, en confianza. Sin confianza, Maitreya destacará, poco puede hacerse. Tan impregnados de corrupción están los líderes de las naciones, que ellos no confían en nadie.

Maitreya mostrará que los hombres no tienen sino una elección para crear la confianza necesaria: compartir los productos de esta generosa Tierra de forma más equitativa en todo el mundo, y así acabar para siempre con la hambruna y la pobreza de millones de personas, que mueren en medio de la abundancia.

¿Escucharán los líderes las palabras de Maitreya? Por lo general, posiblemente, no, no al principio. Pero pronto las personas en todas partes escucharán, y verán la sabiduría del consejo de Maitreya. Ellos acatarán Sus sabias palabras y apoyarán Su Causa. La opinión pública mundial encontrará su voz y su Mentor, y contra su poder las voces obstruccionistas de los dictadores codiciosos y políticos corruptos se desvanecerán. Así será, y así comenzará la limpieza y transformación de este mundo.

Abril 2005

El logro de los hombres

Cada siglo, y cada veinticinco años de un siglo, Nosotros, los Maestros de Sabiduría, nos reunimos para evaluar el éxito o lo contrario de los muchos proyectos y planes que Nosotros previamente hemos puesto en movimiento. De esta forma Nosotros sabemos cuán bien ciertos planes se están desenvolviendo y, si no, podemos realizar los ajustes y cambios necesarios antes de que se haga daño.

Esto podría parecer para algunos un ritmo lento y pesado pero Nuestra larga experiencia Nos dice que la evolución avanza lentamente y que a la humanidad le lleva mucho incorporar, y estabilizar, los avances necesarios. El avance, no obstante, es seguro si el Plan es seguido cuidadosamente y Nosotros tenemos mucha fe en Nuestros métodos.

Cuando miramos atrás al siglo veinte vemos una imagen asombrosa. Verdaderamente fue una lucha y logro titánicos, un verdadero campo de batalla de fuerzas en guerra tan opuestas y entregadas. Presenció a la humanidad por fin, combatiendo exhausta pero triunfante, llegar a la mayoría de edad. Desde Nuestra perspectiva, el siglo pasado vio a la humanidad alcanzar la mayoría de edad, preparada para tomar decisiones y para pensar en su propio camino hacia delante. Las pruebas y tribulaciones fueron muchas y desalentadoras, sacando de los hombres lo mejor que había en ellos, preparándoles para las decisiones que yacen inmediatamente delante.

Las dos guerras mundiales del siglo pasado fueron testigos de la humanidad dividida en dos: aquellos que, con todos sus errores, estuvieron del lado de la Luz, por la libertada y la justicia para todos y por el ideal democrático; y aquellos que adoraron el poder por su propio bien, que estuvieron en el lado oscuro de la vida y buscaron esclavizar las mentes y corazones de aquellos más débiles que ellos. El triunfo de las Fuerzas de la Luz asegura que los hombres conocen mejor la realidad en la que viven, y la naturaleza del materialismo contra la que lucharon tan amargamente y a un coste tan elevado. Así se forjó un sentido de grandeza de la vida humana y también de su carácter sagrado y valor.

Es este logro lo que ha hecho posible el regreso al mundo del Cristo y de Su grupo de Maestros. Los acontecimientos del siglo veinte han sido trascendentales. Ellos constituyen las mayores pruebas del Discípulo Mundial y le muestran preparado, cuando es guiado por Nosotros, para luchar y conquistar la tiranía, para corregir los errores del pasado y para comprender el hecho de la Fraternidad en toda su belleza.

Algunos, examinando al mundo y las acciones de hombres pequeños pero ambiciosos, dudan de que esto sea posible. Ellos ven sólo los sucesos externos y transitorios y no los cambios forjados en los hombres bajo las leyes de evolución. Nuestras esperanzas para los hombres son elevadas. Esto no se dice a la ligera dado que Nosotros sabemos que mucho todavía debe hacerse para asegurar el futuro de los hombres y del planeta. Nuestra visión de los hombres está basada en una larga asociación con las pruebas y exámenes de la vida que han llevado a los hombres a estar preparado para heredar su destino.

Mayo 2005

La herencia del hombre

Cuando el polvo se haya depositado en la actual situación mundial una imagen muy interesante se presentará al espectador perceptivo. Será una imagen que, en muchos sentidos, discurre contraria a la comprensión general y aprensiones de muchas personas ahora. Es cierto que existen muchas tensiones y divisiones peligrosas que necesitan comprensión y cuidado para solucionar; también existen muchos problemas que desafían la sabiduría de los hombres para ser resueltos, y que necesitan un enfoque completamente nuevo, hasta ahora inexistente. Igualmente, sin embargo, existen muchas señales de progreso y nueva realización por parte de los hombres, muchos ejemplos de una nueva sabiduría nueva y madura para abordar las dificultades e incertidumbres que les rodean. El panorama de la vida no es plano y unidimensional sino un escenario cambiante de sucesos estratificados, moviéndose simultáneamente y en muchas direcciones.

Así, es necesario observar las tendencias principales, y generales, para comprender los verdaderos acontecimientos del momento. Cuando uno puede hacerlo una imagen diferente emerge de la actual escena mundial y su probable resultado.

Lejos de satisfacer los temores de tantas personas, actualmente el futuro, Nosotros creemos, ofrece a los hombres la mayor posibilidad de progreso y crecimiento de conciencia que, como una raza, han disfrutado jamás. Nunca una oportunidad venidera como esta se había presentado a los hombres. Nunca había habido tantas personas preparadas para responder a ese momento feliz. Nunca Nosotros, vuestros Hermanos Mayores, habíamos estado tan seguros del resultado, y tan firmes en Nuestra resolución para trabajar

43

con los hombres y ayudarles en todas las formas en que podamos.

Nosotros enfocamos Nuestra labor, no a la ligera sino con un corazón alegre y una mente ávida, mientras entramos en vuestras vidas para enseñar y atender.

Os invitamos a escuchar aquello que Nosotros tenemos que decir y a trabajar con Nosotros en vuestro nombre. De esta forma, cometeréis menos errores y evitaréis callejones sin salida. Así el trabajo de cambio y reconstrucción será facilitado y asegurado, y así todos los hombres ocuparán sus sitios a Nuestro lado y aprenderán las artes de la paz y del amor.

Estamos entrando en vuestras vidas no sólo para la orientación de los hombres sino también como un paso en Nuestra propia evolución; no obstante, Nuestro principal esfuerzo se invertirá en ayudar a los hombres a superar las dificultades y errores del pasado, y para hacer el mejor uso de las oportunidades presentadas a ellos mientras la nueva era se revela. Nosotros tenemos toda la confianza de que los hombres, a su vez, se mostrarán alumnos aptos e interesados; de que la luz del conocimiento y la sabiduría que Nosotros traemos encontrará resonancia en sus corazones y mentes; de que cuando la Justicia haya traído la bendita Paz, los hombres se despertarán a las antiguas verdades nuevamente y verán que todos los hombres son Uno, ahora y siempre; y, siguiendo esa bandera, transformarán, gustosa y rápidamente, el entramado de la vida en la Tierra en una visión resplandeciente que Nosotros sabemos es la herencia del hombre.

Junio 2005

El fin de la oscuridad

En ninguna parte es la división y la desarmonía más frecuente que en el Planeta Tierra. Ningún otro planeta de nuestro sistema está tan inmerso en la competencia, tan ignorante de los beneficios de la cooperación. En ninguna otra parte se ven los resultados de tal desatino: ansiedad, enfermedades de todo tipo, riqueza y pobreza juntas, inseguridad y guerra.

¿Por qué esto tiene que ser así? ¿Por qué los habitantes de este mundo tan inmensamente fértil tienen que pelearse tanto por su posesión?

Hasta cierto punto la respuesta yace en la mismísima riqueza de los recursos de la Tierra. La Tierra es el más densamente material de los mundos y durante largas eras los hombres se han visto apresados por su riqueza material, y han luchado y competido por su control. Esto ha conducido al reino humano (y con él al animal) al borde de la destrucción. Con la bomba nuclear el hombre ha puesto en peligro su mismísima existencia.

Es este hecho sobre todo lo que ha instado la decisión de Maitreya de regresar con Su grupo al mundo cotidiano, al menos mil años antes de la fecha prevista. Su objetivo es lograr que los hombres regresen desde el borde, mostrarles cuán peligroso y destructivo es su ansia de poder, su codicia y competencia.

Él les delineará un sendero sencillo, el sendero de la cooperación, la justicia y la confianza.

Muchos hay ahora que, en sus corazones, renuncian a las injusticias del materialismo actual que impregna el planeta. Ellos anhelan la justicia y la paz y marchan y se manifiestan para su cumplimiento. Cada vez más, las personas del mundo están comenzando a reconocer que juntas poseen el poder de cambiar las acciones de los hombres poderosos. Así Maitreya confía en las personas y da voz a sus demandas. Así Él se une a sus manifestaciones y añade Su voz a la de ellos.

Entre la avaricia generalizada existe, también, un despertar de la conciencia entre políticos y otras personas en diversos países. Las deudas de las naciones más pobres están siendo canceladas y un nuevo enfoque a la miseria absoluta de tantas personas está aflorando. Los frutos de veinte años de trabajo están comenzando a madurar. Las energías beneficiosas de Maitreya están realizando su magia y un nuevo espíritu está ganando fuerza.

Así las actitudes y hábitos de incontables eras están comenzando a derrumbarse ante la marea de las nuevas e imparables energías enarboladas por Maitreya y Su grupo. Los hombres no deben temer; los afables, realmente, los pobres, los indefensos, los que realizan trabajo esclavo en todas partes, deben heredar la Tierra. Los hombres aprenderán la belleza de la cooperación y el servicio y uno a uno los bastiones de poder caerán. Los imperios de poder y riqueza desaparecerán mientras el nuevo impulso de compartir y de unidad se apodera de las mentes de los hombres. Así será y así el hombre recobrará su cordura y comenzará nuevamente el ascenso. visión resplandeciente que Nosotros sabemos es la herencia del hombre.

Julio/Agosto 2005

La orientación de Maitreya

Por mucho que lo puedan intentar, los políticos y otros líderes encuentran cada vez más difícil controlar acontecimientos y mantener sus buques de estado en equilibrio. Ellos encuentran que, a pesar de su conocimiento, van a toda velocidad inexorablemente por su cuenta como si estuvieran bajo la orientación de alguna mano invisible. Esa mano invisible, por supuesto, es la lógica del cambio. Ellos no alcanzan a comprender que las normas y métodos con los que trabajan pertenecen al pasado y que guardan poca relación con los problemas y necesidades actuales. Ellos se reúnen y debaten estos problemas, pero invariablemente dan marcha atrás de las acciones que solas podrían resolverlos. Mientras tanto, en diferentes grados, las personas sufren, y aguardan a la razón y comprensión para aliviar su penuria. Ellos saben en sus corazones que la liberación es posible y debería ser suya, pero carecen, de momento, de las estructuras y poder para hacerlo así.

Las personas no esperarán para siempre. Ya, las señales de disconformidad e impaciencia están apareciendo en todo el mundo, instando a los líderes a dedicarse a sus necesidades y aflicciones.

Los líderes, hombres sin visión, se centran en promesas y paliativos para detener las crecientes demandas por equidad y justicia. Actúan así en vano. Los pueblos del mundo han captado la visión de libertad, de justicia, y de paz, y no la dejarán escapar. Ellos, más que sus líderes, delinearán el futuro y lo moldearán a sus necesidades. Así será. Esta nueva fuerza en el mundo la voz del pueblo está ganando fuerza y cohesión rápidamente y desempeñará un papel principal en los asuntos del mundo desde ahora.

Maitreya espera Su oportunidad para aumentar el poder e influencia de la voz del pueblo y para guiar su curso. Muchas son las líneas que la conforman y dispares sus objetivos. Sabia debe ser la orientación, por tanto, a fin de no perder su senda y disipar su fuerza.

Únicas y sencillas, por tanto, deben de ser las exigencias del pueblo. Muchos y variados son sus problemas pero universales son sus necesidades: paz a través de la justicia y la libertad son las necesidades de todos los hombres. El compartir, aconsejará Maitreya, es la clave para la creación de confianza sin la cual nada es posible. Compartid y cread confianza bendita, Él dirá al mundo, y conoced las bendiciones de la justicia y la paz. Ningún otro camino, Él solemnemente recordará a las naciones, les traerá la paz por la cual anhelan en sus corazones. Así será, y así las personas pedirán compartir y por tanto paz. Una nueva y poderosa opinión mundial demostrará su poder y dejará obsoletas las maniobras y estratagemas de los hombres de poder actuales. Entonces Maitreya se declarará a todos los pueblos, y se dedicará a su servicio durante este tiempo venidero.

Septiembre 2005

La Fraternidad del Hombre

Tarde o temprano, la realidad de su interdependencia se hará aparente a las naciones y sus líderes. Esta realización provocará una actitud completamente nueva hacia los problemas con los cuales, actualmente, ellos luchan, y conducirá a soluciones más sencillas y sabias de estas dificultades. Un cambio gradual de perspectiva reemplazará la actual competencia y confrontación feroces con la comprensión y cooperación mutuas. Que no todas las naciones avanzarán en esta dirección al mismo ritmo, debe indicarse, pero la efectividad y obvia sensatez del método animará incluso a los menos optimistas, con el tiempo, para ver los beneficios para todos. Cada paso adelante cimentará este proceso y acelerará el movimiento hacia la cooperación. De esta manera, una relación más saludable se desarrollará entre las naciones, llevando con el tiempo a un verdadero sentido de la fraternidad.

Muchas naciones más pequeñas reconocen, ya, la realidad de la interdependencia pero careciendo de poder sus voces pasan desapercibidas. Naciones grandes y poderosas menosprecian tales nociones, su orgullo en la autosuficiencia les ciega a la verdad de su relación con el mundo.

El hombre evoluciona aunque lentamente y necesita tiempo y experimentación para realizar un avance significativo, pero precisamente de esta manera estos logros se convierten en estables y permanentes.

Naciones Unidas es, por supuesto, el foro en el cual la voz de las naciones más pequeñas puede elevarse y ser escuchado. Esto sólo será posible cuando el Consejo de Seguridad, con su veto arbitrario, sea abolido. Ha durado más que su utilidad y pronto debe dar lugar a una Asamblea de Naciones Unidas libre de los abusos de poder y veto.

Entonces veremos a las naciones actuando sin las limitaciones impuestas por el veto y los incentivos financieros de las Grandes Potencias. Aquellos que piden más fuerte por la democracia en tierras extranjeras son extrañamente ciegos a su ausencia en los corredores de Naciones Unidas.

Los hombres deben comprender que el pueblo de todas las naciones son uno y el mismo, dependiendo uno del otro. Ninguna nación posee, ni puede gobernar, al mundo. Ninguna nación puede plantarse sola contra el resto. Los días de imperio y dominación han pasado. El hombre se encuentra en el umbral de una nueva comprensión de su papel en el planeta Tierra. Esto implica un cambio en su relación con sus compañeros de viaje en el sendero hacia la sabiduría y verdadera gestión de la abundancia del planeta.

Nosotros, vuestros Hermanos Mayores, ayudaremos a los hombres a realizar este cambio. Maitreya presentará ante los hombres la alternativa a la acción y la transformación del mundo. Él mostrará que sin un cambio de dirección el futuro será realmente difícil y desolador. Él también inspirará a los hombres a comprender su interdependencia, la realidad de su Fraternidad.

Octubre 2005

La clave del futuro

Es con tristeza que Nosotros observamos los continuos esfuerzos de los hombres por resolver sus problemas con los métodos del pasado. Estos problemas son abundantes y se relacionan con el futuro al igual que con el presente. En su mayoría, son reliquias del pasado y representan una pesada carga para las sociedades en ciernes actuales. Perdidos en sus intensas batallas por los mercados, los gobiernos de todas partes intentan todas las formas estándares para lograr seguridad y fortaleza, desarrollo e innovación, y estabilidad en medio del cambio. Es una labor imposible.

Sólo existe una respuesta a todas sus dificultades, una solución a todos sus problemas, no obstante nadie, hasta ahora, se ha aventurado a susurrar la palabra que, de un plumazo, les liberaría a ellos y al mundo. Que, de un plumazo, proyectaría a este mundo a la nueva era de Rectitud y Verdad. Dejad que la palabra resuene, dejad que la palabra manifieste la nueva civilización, la nueva sociedad. Dejad que la palabra se escuche en todas partes; dejad que el hombre responda.

La palabra es el sonido de la rectitud, es el sonido de la verdad. La palabra une a todos los hombres, y construye la Fraternidad de los hombres. La palabra se asienta alegremente en el corazón, trayendo felicidad a todos. La palabra es sabia y generosa, llena de amor. La palabra es compartir, la clave del futuro. Compartir es la respuesta a todos los problemas de los hombres. Compartir es otra palabra para divinidad. Compartir promueve lo más elevado que es posible para el hombre porque abre la puerta a la confianza. Compartir llevará a los hombres a los pies de Dios.

Cuando los hombres aprendan a compartir conocerán el significado de la vida. Cuando los hombres compartan se sentirán exultantes y amarán lo que hacen. Compartir hará íntegros a los hombres. Compartir hará al hombre Uno.

No existe fin al concepto de compartir. Demostrará ser la salvación de los hombres.

Cuando los hombres vean a Maitreya ellos oirán estas palabras de Verdad. Ellos escucharán Sus declaraciones con corazones completamente abiertos, y, respondiendo, pedirán el fin de la tiranía y la injusticia. Ellos se reunirán a Su alrededor y Él será su portavoz. Pronto, los hombres verán Su rostro. Pronto, Él presentará Sus ideas al mundo y despedirá a la vieja era.

Él está cerca de los hombres ahora. Él no puede ser negado. Su amor ahora satura los planos y lleva el cambio a primer plano.

Considerad esto: sin la ayuda de Maitreya el hombre está condenado. Nosotros sinceramente esperamos la respuesta de los hombres.

Noviembre 2005

El comienzo de un Nuevo Tiempo

Pacientemente, Nosotros, vuestros Hermanos Mayores, esperamos la respuesta de los hombres, sabiendo, como Nosotros lo hacemos, que la inmensa mayoría de personas, cuando sepan y comprendan la verdadera situación ahora presente en la Tierra, estarán de acuerdo que sólo un cambio radical evitará la calamidad.

Un problema ha sido que la persona normal y corriente conoce poco de los enormes intereses creados que controlan los asuntos de los hombres, y que, en su mayoría, van en contra de las necesidades y derechos de incontables millones de personas. Actualmente, el 80 por ciento de la riqueza mundial está en posesión de un pequeño número de familias e instituciones. Gran parte de esa riqueza es 'estática', invertida en bienes inmuebles, barcos, oro, joyas y obras de arte, beneficiando así sólo a unos pocos. Tal desequilibrio frustra los esfuerzos de los gobiernos en todas partes por establecer sociedades basadas en una justicia social relativa.

Tan antiguo y consolidado es este desequilibrio que sólo un esfuerzo hercúleo o un desastre económico mundial harían debilitarían su control. Enfrentados con esta situación, los gobiernos son incapaces de gestionar los asuntos de sus naciones y, simultáneamente, compiten con otros por los mercados. El resultado, inevitablemente, es el caos recurrente, la inestabilidad y una falta crónica de fondos para los servicios esenciales y la ayuda extranjera. Los pobres del mundo continúan sufriendo, así, y ruegan en silencio por el cambio, Algunos, menos silenciosos, se unen en número creciente a los grupos terroristas del mundo.

¿Cómo, entonces, romper este círculo vicioso de riqueza heredada, estancamiento y odio y violencia revolucionarios?

Maitreya, en Su emerger, abordará este problema y mostrará su mecanismo y efecto negativo en todos los aspectos de la vida, nacional e internacional. Él mostrará que sólo una justa y equitativa distribución de la riqueza mundial hará realidad la paz que todos desean. Que sólo el compartir creará la confianza que hará posible tal distribución. Que los hombres no tienen alternativa: todos los otros modos han sido intentados y han fracasado –y el tiempo se está acabando.

Así hablará el Grande. Así Él elevará la conciencia de los hombres y les ayudará a comprender las razones de su grave situación. Él mostrará que tal desequilibrio es insoportable en un mundo tan interdependiente que se enfrenta a tantos problemas peligrosos. Que sólo una transformación racional de nuestras ahora caducas estructuras permitirá a los hombres avanzar hacia el futuro y construir una civilización digna de nombrar.

Cuando los hombres escuchen Sus palabras se dividirán en tres grupos: uno, con todo el corazón, responderá a Sus pensamientos y responderá a Su llamamiento de implicarse. Otro formará un bloque de oposición y afrenta. Un tercero, más pequeño en número, se sentará, inquieto, a un lado. Gradualmente, se hará obvio que el cambio debe probarse, al menos, y se llevarán a cabo algunos experimentos. Esto convencerá a muchos de la viabilidad del compartir y conducirá al Día de la Declaración, la señal de que el Nuevo Tiempo ha comenzado.

Diciembre 2005

El prodigio en la puerta

Pronto llegará el momento en que los hombres sabrán, más allá de toda duda, que el Cristo está una vez más entre nosotros. Personas de todas las creencias Le esperan como el Sagrado, el Conocedor de Dios. Los hombres llegarán a conocerle como un Hermano e Instructor que les conferirá su divinidad. Actualmente, Él espera pacientemente el momento de Su emerger para trabajar para, y ante, el mundo. Pero incluso mientras espera, Él trabaja incesantemente para todos los hombres. Ni por un segundo quita Su mirada o retira Su amor. Momento a momento ese amor abraza a todo aquel que puede absorberlo y entra en sus corazones con sigilo. Así Él sostiene el mundo de los hombres, protegiendo y guiando sabiamente. Estad preparados para ver a un hermano pero un que ha entrado en un nuevo estado de Fraternidad, que viene a ayudar y a enseñar, y con Su amor a redimir.

El tiempo es breve hasta Su aparición abierta. Tomad confianza de esto y acelerad vuestro servicio en Su nombre. Dad a conocer que Él está entre vosotros y estimulad los corazones de aquellos que aún no conocen estas felices noticias. Realizad vuestro propósito y cumplid la promesa que hace mucho tiempo habéis hecho.

El mundo espera, alerta, expectante, sin conocer la razón de su esperanza. El mundo, también, gime de miseria y temor, anhelando socorro y el fin de la angustia. Maitreya mostrará que ha llegado el momento de abordar los problemas ancestrales que mantienen a los hombres separados, que crean ricos y pobres, que engendran guerra y la enfermedad de nuestro planeta. Él mostrará, también, que el tiempo se acorta a diario para llevar de vuelta a nuestro planeta a un estado saludable.

Maitreya enseñará a los hombres las razones de su presencia en la Tierra y el método de realizar ese propósito. Él mostrará que dentro de cada uno existe un Ser de Luz y les inspirará a convertirse en ese Ser. Él les recordará que nada se erige entre ellos y Dios excepto la ignorancia y el temor. Él liberará a los hombres de su culpabilidad y les hará girar hacia la alegría. Él mostrará a los hombres que sin culpabilidad ni temor conocerán el amor.

Comprended bien que éste es un momento como ningún otro, que nunca se repetirá. Es un momento heroico, valeroso y sagrado. Utilizad este momento para fortalecer vuestros vínculos entre vosotros y con Maitreya. Trabajad para Él como nunca antes. No temáis, porque pronto será el momento en que Le veréis y sabréis que no habéis trabajado en vano.

Así es, amigos y trabajadores en la Luz. Proyectad lejos esa luz y despertad a vuestros hermanos y hermanas que aún no conocen el prodigio que está en marcha en éste, nuestro mundo.

Enero/Febrero 2006

El fin de la guerra

Cuando llegue el momento de considerar las consecuencias, los hombres se asombrarán y avergonzarán del desperdicio de la guerra. Más que cualquier otra actividad de los hombres, la guerra engulle ávidamente recursos y vidas. Nada se escatima en el esfuerzo por superar al 'enemigo'; todo se sacrifica para lograr la victoria. Así el hombre ha librado implacables conflictos contra su prójimo, y no siempre en defensa propia. En la mayoría de las veces, la guerra se ha utilizado para la expansión de territorio, la acumulación del botín o, más aborrecible, la captura de esclavos. Los 'botines de la guerra' es una frase utilizada a la ligera para describir el propósito subyacente de la mayoría de guerras.

Hoy, hemos alcanzado un momento en el que los hombres deben tomar seriamente la labor de poner fin a la guerra. Los hombres deben comprender que no existe problema o situación que necesite de la guerra para solventarse o curarse. Siendo esto así, las naciones deben actuar juntas y poner fin para siempre a esa aptitud destructiva de los hombres.

Si no lograran hacerlo, ellos amenazarían la existencia de la raza. La paz ya no es opcional para los hombres: ellos tienen ahora en sus manos las armas más mortíferas de todos los tiempos que, si se utilizaran en una guerra de gran envergadura, profanaría el planeta y lo dejaría sin vida durante eones de tiempo. ¿Por qué, entonces, exponerse a tal desastre, a tal final?

Maitreya, podéis estar seguros, hablará así en Su emerger. Él mostrará a los hombres que las pequeñas guerras pueden conducir a terribles consecuencias, y situaría a los hombres en la pendiente resbaladiza de la autodestrucción. Él aconsejará seriamente y apartará a los hombres de lo impensable. Estad atentos pero no temerosos; confiad en Maitreya para que guíe sabiamente las acciones de los hombres. Desempeñad vuestra parte en la labor de educar a vuestros hermanos y hermanas y así aligerad Su carga.

Contad a todo aquel que escuche que el Esperado está aquí, listo para comenzar, abiertamente, Su Misión. Que Él confía en los hombres y mujeres de buena voluntad para trabajar con Él para la paz y la justicia, la libertad y el amor. Contadles esto. Contadles que Maitreya tiene la respuesta sencilla para los males del mundo. Que el compartir engendrará la confianza que abrirá la puerta, y los corazones de los hombres, a la paz bendita.

Así veréis el florecimiento del espíritu humano en la fraternidad y la cooperación. Entonces los problemas y las obstrucciones se disiparán, superados en una buena voluntad desbordante.

Así será, y así presenciaremos el fin de la abominación de la guerra. Tal es el propósito de Maitreya y firme es Su voluntad para su logro.

Marzo 2006

Señales en abundancia

Siempre que, como ahora, el hombre se encuentra en un dilema, inseguro de si ir hacia delante o hacia atrás, hacia la izquierda o la derecha, emerge un fenómeno interesante: se buscan señales, incluso por aquellos que no creen en las señales; se da importancia y significado a sucesos inexplicables; los hombres buscan la llave que abrirá la puerta a través de la cual deben entrar en el futuro, inseguros, aún, de lo que el futuro puede depararles.

Las señales que les guiarían están allí en abundancia pero los hombres pronto olvidan las maravillas que les prodigaron durante muchos años. Así, por regla general, los hombres dejan pasar los mismísimos indicios que buscan y por los cuales imploran. Se acerca el momento en que los hombres recordarán las señales y las aceptarán como verdaderos augurios de los días venideros. Ellos las entenderán como una manifestación planificada sincronizada con el emerger de Maitreya y Su grupo de Maestros en este momento único en la historia del mundo. Muchas y variadas han sido estas señales para los hombres de que algo trascendental y maravilloso está en marcha en la Tierra. Para aquellos con ojos para ver, han estado como un recordatorio a los hombres de que existen muchas áreas de la vida que permanecen desconocidas y misteriosas, de que existen leyes que los hombres poco conocen, y, sobre todo, de que los hombres no están solos.

Dado que existen señales, existen creadores de señales. Todos los grupos religiosos esperan y aguardan su escogida revelación divina y leen las señales como una confirmación de su fe. Tal confirmación les sustenta en momentos peligrosos y les proporciona esperanza de un futuro mejor. De esta forma se crea un clima de esperanza y expectación entre muchos millones de personas y les prepara para los acontecimientos que son ahora inminentes. Pocos pueden negar las señales aunque su significado podría ser recóndito. Ellas aceleran la intuición y la imaginación de los hombres y abren sus corazones a las revelaciones venideras.

Desde estatuas que lloran y se mueven a patrones de luz que adornan las fachadas de edificios en todo el mundo; desde brillantes cruces de luz a dioses hindúes que beben leche, las señales son interminables. Pocos han sido insensibles a estas maravillas.

Incrédulos y escépticos, por supuesto, siempre se encontrarán. Pero no por mucho tiempo. Muy pronto, el clima de expectación crecerá y se registrará firmemente en las mentes y los corazones de los hombres de todas partes, y en esa atmósfera expectante Maitreya entrará y comenzará Su misión abierta. Así será.

Abril 2006

Unidad en la diversidad

A lo largo de los siglos, los hombres han adoptado muchas formas diferentes de gobierno, que van desde el más despótico al más igualitario. Hoy, la mayoría de países han optado por una forma de democracia, es decir, uno escogido por voto popular por un partido político u otro. Se asume que el sistema de votación utilizado es justo, honesto, libre de procedimientos ilegales y fraude.

Desafortunadamente, como muestra la historia reciente, esto no es siempre el caso, incluso en aquellos países que ponen gran énfasis en la integridad de su proceso electoral. El engaño y la duplicidad abundan, hombres y facciones llegan al poder con artimañas y engaños.

Más autoritarios son aquellos estados de un solo partido donde las decisiones las toma un comité de 'hombres fuertes' respaldados por el ejército y la policía. El pueblo tiene poco que decir en las leyes que les gobiernan y a menudo, de momento, no sienten la necesidad de reclamar dichos derechos.

Algunos países están bajo el yugo de déspotas crueles, ávidos de poder y de la riqueza que le acompaña. Algunos están gobernados por fanáticos confundidos, seguros de que ellos y sus seguidores están en las manos de Dios y llevan a cabo Sus planes. Otros están luchando para ayudar a sus pueblos a salir de la pobreza y del dolor, y para defenderse de las exigencias de sus ricos vecinos.

Otros aún están luchando por su independencia o están sumidos en el caos y la guerra civil.

Los hombres deben tomarse muy en serio la lección de estos indicios: muchas son las formas para organizar las necesidades de los diferentes pueblos. Una mayor tolerancia, por tanto, es necesaria al abordar este tema vital. Las energías de los rayos que gobiernan a las naciones son diferentes y requieren diferentes estructuras para expresar sus cualidades. No es el Plan evolutivo que una forma de gobierno, democrática o de otra índole, prevalezca. Las necesidades de los hombres son más reales e importantes que las ideologías. La tolerancia de las diferencias une, mientras que las ideologías dividen.

Cuando Maitreya hable abiertamente, por tanto, Él mostrará que la unidad en la diversidad es la clave para la armonía futura. Que todas las naciones tienen un destino, único y sagrado. Él indicará el camino para alcanzar este bendito estado y animará a los hombres a abrir sus corazones a una comprensión más sabia del Plan. Bajo la orientación de Maitreya, los hombres llegarán a apreciar y valorar la riqueza de los logros propios y de otros. El impulso de competir y dominar gradualmente disminuirá y un nuevo capítulo se abrirá para los hombres en fraternidad y paz. Así será.

Mayo 2006

Peligro invisible

Si los hombres vieran el estado del mundo como Nosotros, los Maestros, lo vemos, estarían sorprendidos, perplejos y atemorizados, todo al mismo tiempo. Tan lejos de la realidad está la visión del hombre sobre las condiciones en la Tierra, y tan falto de juicio está sobre las posibilidades futuras, que, sin ayuda, el hombre presenciaría el languidecimiento y muerte de su hogar planetario.

Como está, el planeta Tierra se encuentra en una triste y peligrosa condición mientras que el paso de cada día le acerca más al punto crítico. Muchas voces han articulado advertencias sobre el calentamiento global, y muchos puntos de vista se han expresado, pero incluso la más terrible profecía se queda corta de la calamidad a la que se enfrenta el mundo hoy. Pocos hay que ven la inminencia de la amenaza y la urgencia de los pasos necesarios para contrarrestarla.

Grande como es el peligro planteado por el calentamiento global, éste, desafortunadamente, no es el mayor, o más peligroso, al que se enfrenta la humanidad hoy. Si lo supiera, el hombre está ocupado en una lenta pero constante intoxicación creciente de la raza y de los reinos inferiores. La toxicidad, las contaminaciones, de todos los tipos, y en todos los campos, son ahora el mayor peligro para los hombres, los animales y la Tierra misma. Todos están envenenados y enfermos a su manera.

Desconocido para los hombres pero evidente para Nosotros, el mayor daño soportado por los hombres y el planeta en esta triste historia está causado por la radiación nuclear. Los hombres se han extraviado mucho en el desarrollo de esta fuente de energía tan peligrosa. Corrompidos por la codicia, y la falsa esperanza de grandes beneficios, ellos han concentrado sus experimentos en 'subyugar' a la fuente de energía más peligrosa jamás descubierta por el hombre, desatendiendo, mientras tanto, un uso alternativo totalmente seguro de la energía del átomo. La fusión atómica, fría e inofensiva, podría ser suya a partir de un simple isótopo del agua, disponible en doquier en los océanos, mares y ríos, y en cada lluvia.

El hombre debe cesar su 'juego con la muerte'. La fisión atómica es el resultado de las bombas atómicas que destruyeron Hiroshima y Nagasaki; que estalló en Chernobyl y causa, sutilmente, muerte y enfermedad actualmente. Es "aquello que está donde no debiera" y a lo que debería renunciar el hombre si desea progresar más.

Los científicos terrestres están confiados de que ellos han subyugado, realmente, al monstruo, y que pueden mantenerlo bajo control. Ellos no comprenden que sus instrumentos son realmente rudimentarios, que sólo miden los aspectos inferiores de la radiación nuclear, que extendiéndose sobre estos niveles físicos-densos existen niveles más sutiles y más peligrosos para la salud y bienestar de todos. Si no fuese por los esfuerzos incansables de nuestros Hermanos Extraplanetarios en aliviar este peligro invisible hasta donde la ley kármica lo permite, nuestra grave situación sería realmente peligrosa. ¡Despierta, humanidad!

Junio 2006

El sendero del Amor y la Paz

Afortunadamente para el hombre, él nunca se queda sin ayuda cuando es necesaria. Por más difíciles que sean las circunstancias, por más grandes y graves que sean los peligros a los que se enfrenta, de una cosa puede estar seguro: él nunca será abandonado por sus Hermanos Mayores. Una y otra vez en la larga historia de los hombres, cuando todo parecía perdido y el futuro del hombre peligrosamente incierto, Nuestro socorro ha estado próximo y el sendero adelante para los hombres restablecido una vez más. Así sucede hoy en este momento tumultuoso en el cual los hombres se encuentran en un torbellino de fuerzas opuestas, inseguros del siguiente paso y del todo abrumados por la magnitud de la labor por delante.

Emergiendo de Nuestros antiguos retiros, Nosotros redirigimos Nuestros pensamientos y pasos para ayudar a Nuestros hermanos que luchan. Para mostrar, con el ejemplo, que no todo está perdido, que otro, y mejor, camino existe para los hombres para organizar sus vidas; que la unidad y la felicidad vienen de la justicia y la libertad; que compartir es la acción natural de la unidad y la respuesta sencilla a todos los males del hombre.

Los hombres deben desear el don de Sabiduría que Nosotros tenemos para dar. La Gran Ley no permite su imposición. Así los hombres necesitan mirar claramente a los peligros que le acosan, y así tomar sus decisiones y opciones.

Que los hombres necesitan orientación es indiscutible (aunque mucho negarán que esto sea así o que pueda encontrarse) y esta orientación Maitreya, Él mismo, ofrecerá a los hombres para su consideración y sabio consejo.

Respondiendo, los hombres deben verse como Uno. Las viejas barreras hacia la libertad y la justicia deben desecharse; todos deben compartir en la generosidad de la Tierra; todos deben aprender el lenguaje de la confianza. El planeta Tierra, nuestro hogar, debe cuidarse para restablecer su salud, su aire, tierra y agua deben purificarse, para que vuelvan a ser seguros para el hombre.

Estos son los requisitos urgentes para la estabilización del Planeta y la salud de sus habitantes. Una vez adoptados, no habrá retorno al desorden del pasado. El hombre se separará de la pobreza y la guerra, la explotación y la crueldad, la corrupción y la injusticia. Los hombres emularán a sus Hermanos Mayores y andarán el sendero del Amor y la Paz.

Considerad este momento como el momento de la Decisión. Todo reposa en la respuesta del hombre al consejo de Maitreya. Nosotros, vuestros Hermanos Mayores, no somos ni ansiosos ni complacientes. Conocemos la enorme labor a la que se enfrentan Maitreya y los hombres. También sabemos cómo leer las Señales de la Vida y no tememos. Aquellos que leáis esto no temáis sino difundid ampliamente el hecho de que el Restablecimiento de la Tierra está a mano, que las injusticias del pasado se desvanecen y con ellas las viejas formas de gobierno. Una nueva Orientación está aquí para mostrar el camino para los hombres, una antigua pero siempre nueva Orientación para llevar a los hombres a la Cima de la Montaña.

Julio/Agosto 2006

La ayuda es necesaria – y es ofrecida

Pronto quedará claro que sin ayuda los hombres tienen muy poco tiempo para rectificar los problemas, ecológicos, políticos y económicos que causan caos, peligro y extremismo a la mayoría de personas en la Tierra. Es una situación única en la historia de la Tierra. Mucho depende de que el hombre comprenda que tienen, como custodios, la responsabilidad de cuidar con esmero el bienestar del planeta y de todos sus reinos, y de traspasar un hogar planetario vibrante y saludable a las futuras generaciones. Tan insalubre se ha vuelto el planeta por la acción depredadora y negligencia arrogante del hombre, que, si éste fuese humano, suscitaría serias dudas de su recuperación. El hogar del hombre y de los reinos inferiores debe sanarse para cumplir su papel en el Plan evolutivo.

El caos reina, igualmente, en la esfera política. Las naciones son lideradas por grupos dedicados al pasado, incapaces de ver que sus métodos ya no son aplicables a las necesidades actuales y futuras. Con los ojos vendados y arrogantes, se pavonean por el escenario de la vida como actores pasados de moda, inseguros de su dirección o sus líneas. La puerta con el cartel de SALIDA se cierne amenazante sobre estos destructivos usurpadores del poder.

Las esferas política y social son las más tristes de todas. Mientras la riqueza del mundo fluye cada vez a menos manos, incontables millones de personas suplican por lo mínimo para sobrevivir. Millones de personas están demasiado débiles para suplicar, y mueren, abandonadas, antes de que puedan saborear la vida. ¿Qué pueden hacer los hombres para rectificar estas condiciones tristes y peligrosas? ¿A quién pueden dirigirse para pedir ayuda en su agonía?

Sólo existe una fuente de ayuda para los hombres en su extrema necesidad. Esa ayuda está a su disposición si la solicitan. Nosotros, vuestros Hermanos Mayores, sólo buscamos vuestro bienestar y felicidad, y estamos listos para ayudaros y para indicar el camino hacia un futuro mejor para todos.

Nosotros vemos a todos los hombres como Uno, hermanos y hermanas de una gran familia. Los hombres necesitan, también, desterrar de sus corazones el sentido de separación, y redescubrir la realidad de la fraternidad que yace en el corazón de la condición humana. Los hombres, todos los hombres, son Dioses potenciales y las necesidades deben crear las condiciones en las cuales ellos puedan florecer. Nosotros os ayudaremos a hacer esto, gustosamente, cuando realicéis el primer paso en esa dirección. Ese primer paso no es difícil ni tampoco conlleva peligro. No tenéis nada que perder y vuestra divinidad que ganar: ese primer paso se denomina Compartir.

Septiembre 2006

Las prioridades de Maitreya

Mientras el mundo espera, expectante, a Maitreya, y la liberación, aún queda mucho por hacer para preservar el planeta y la humanidad. No obstante, los hombres tienen poco tiempo que esperar a que Maitreya comience Su servicio abierto. Corto, realmente, por tanto, es el tiempo que queda para preparar Su camino, para decir a los hombres que la ayuda y la esperanza están al alcance de la mano, que el Instructor está aquí, deseoso de hablar directamente a las personas de todas las naciones.

Apresurad, pues, vuestros esfuerzos. Daros prisa para informar a todo aquel que escuche que la hora destinada ha llegado, que pronto la humanidad se regocijará en la presencia del Instructor. Decidles esto y mantened su esperanza y valor. Muchos ahora escucharán cuando antes no lo hacían; la ansiedad y el temor han afectado a los hombres. Las señales, también, han hecho su labor y han despertado a millones de personas a acontecimientos y revelaciones esperados. Nunca antes en la historia del hombre tantos habían percibido los cambios próximos ni comprendido su necesidad.

Por tanto, en un mundo expectante y preparado emergerá Maitreya, seguro en el conocimiento que Su presencia es anhelada y esperada con impaciencia.

Maitreya delineará para los hombres las prioridades que por sí mismas preservarán y salvaguardarán el planeta Tierra y todos sus pueblos. La necesidad de paz es primordial porque sin paz todo lo demás se pierde. La paz, Él afirmará, sólo puede asegurarse a través de la creación de Justicia. La falta de Justicia es la engendradora de la guerra y el terrorismo. La Justicia, Maitreya sostendrá, puede lograrse sólo a través del Compartir. Compartir, por tanto, es la clave para la paz y seguridad mundial.

Maitreya dirigirá con más urgencia las mentes de los hombres hacia los males del planeta Tierra mismo. Sin un planeta saludable y robusto el futuro para las generaciones venideras está en peligro. Maitreya resaltará la urgencia de acción ahora para restablecer el equilibrio de nuestro hogar planetario que sufre, y requerirá todas las manos, viejas y jóvenes, para esta labor fundamental.

La suerte de aquellos que ahora padecen hambruna en un mundo de abundancia centrará la principal preocupación de Maitreya: "Nada Me aflige tanto como esta vergüenza", Él dice, y busca galvanizar la creación de un amplio programa de ayuda para los pobres del mundo a una escala desconocida hasta ahora.

Estas son las prioridades inmediatas, para hacer sólido y seguro el futuro para los hombres. El libre albedrío del hombre es sacrosanto y no puede infringirse; el ritmo de implementación de estos requisitos fundamentales está sujeto, por tanto, a la voluntad de los hombres.

Los hombres se enfrentan ahora a la elección: ver al mundo como Uno y compartir, y conocer la seguridad y la Paz bendita y la felicidad, o presenciar el fin de la vida en la Tierra.

Maitreya está emergiendo ahora para asegurar que la elección del hombre se haga sabiamente. No temáis, Maitreya ya conoce la respuesta del hombre, y se alegra.

Octubre 2006

Los primeros pasos

Cuando Maitreya aparezca ante el mundo las personas comprenderán que le han conocido desde antes, y que Su enseñanza no es extraña o más allá de su nivel de pensamiento. Sencillo, realmente, será Él para que todos puedan comprender.

Precisamente Su simplicidad asombrará. No obstante se descubrirá también que la mayoría de personas experimentarán lo que escuchan de una nueva forma, como una verdad brillante, nueva y que les toca a un nivel más profundo. Simples podrán ser las ideas, pero resonarán en los corazones de las personas y se percibirán frescas y vibrantes. Así será. Así Maitreya tocará los corazones de los hombres, apelando a ellos para que se ayuden a sí mismos ayudando a sus hermanos y hermanas en todo el mundo. Cuando los hombres le oigan ellos reflexionarán profundamente en lo que Él dice, y se sentirán extrañamente conmovidos por las sorprendentes palabras. Sus corazones responderán como nunca lo han hecho hasta ahora, y una nueva comprensión y urgencia potenciará su respuesta.

Así Maitreya impulsará a los pueblos del mundo a la acción y el cambio. Aquellos que se mantuvieron apartados se presentarán y se unirán al clamor por la justicia y el compartir, la libertad y la paz.

Muchos, por supuesto, ignorarán a Maitreya. Muchos encontrarán Sus ideas aborrecibles y peligrosas o utópicas e imposibles de alcanzar. Algunos, más siniestros y temerosos, verán en Él al anticristo, la personificación de todos sus temores. Muchos le crucificarían de inmediato si tuviesen el poder. Muchos se sentarán discretamente sobre la valla, incapaces de adoptar una postura, a favor o en contra.

Aquellos que pueden responder crecerán en número y alzarán sus voces por el compartir y la justicia. Ellos se reunirán a Su alrededor y le apoyarán, y le verán como su líder y mentor, instructor y guía.

Así se formará una poderosa masa de opinión pública mundial, pidiendo cambio. Cada vez más, los gobiernos encontrarán difícil resistirse a estas demandas del pueblo y se verán forzados a implementar algún grado de cambio.

El pueblo crecerá en poder y sus voces, potenciadas por Maitreya, crecerán en fortaleza y claridad de demanda. Ellos pedirán que su Portavoz hable al mundo y se creará el marco para el Día de la Declaración, el primer día del Nuevo Amanecer.

El Día de la Declaración, en el cual, por primera vez, Maitreya reconocerá Su verdadera estatura y nombre, destacará, a través de la historia, como el punto decisivo en la evolución de la humanidad. Se inscribirá en los anales como el Día de los Días, el Comienzo de lo Nuevo, la Santificación de la Humanidad, el Portal hacia el glorioso futuro que espera a la humanidad. Ese día no está lejos.

Noviembre 2006

La inutilidad de la guerra

Cuando los hombres emprenden la guerra, ellos ponen en peligro no sólo sus vidas y las de los demás, sino también el bienestar del planeta del cual dependen para la misma vida. La Tierra es saqueada temerariamente por los metales de todo tipo utilizados en la munición de muerte. No se piensa en las necesidades de las generaciones futuras que también tienen el derecho a la abundancia del planeta. Incontables millones de toneladas de hierro retorcido y oxidado adornan los 'teatros de la guerra' donde los hombres representan su pompa mortífera. Los hombres no pueden ver, ni incluso imaginar, la devastación causada a sus cuerpos sutiles por interminables horas de bombardeo. Los niveles sin precedentes de ruido rompen y trituran estos velos sensibles. La estructura humana no está construida para tal abuso. Así se infligen a sí mismos un daño irreparable. ¿Cuánto tiempo llevará, por tanto, a los hombres comprender la inutilidad de la guerra? La guerra no resuelve problemas, sólo crea caos, y detiene el progreso del hombre.

Algunos, pocos, hombres, debe decirse, disfrutan del acto de la guerra. Es, para ellos, un acto de valor, una prueba de su voluntad y destreza, pero principalmente, en la actualidad, los hombres son atraídos a la guerra por razones ideológicas, por la causa. Por eso son los líderes de las naciones los que sostienen las riendas del poder, quienes legislan por la guerra o por la paz. Ellos deben escoger cuidadosamente para asegurar un mundo pacífico.

Mucha consideración debe darse actualmente a este problema. Sucesos recientes en Oriente Medio han demostrado cuán sencillo es transgredir el imperio de la Ley y dejar que el caos corra a sus anchas. Rectificar la trasgresión y conseguir la resolución es algo bastante distinto.

Maitreya observa estos sucesos con cuidado. Él calcula precisamente las tensiones y su relajación mientras tienen lugar y busca siempre establecer el equilibrio. En este sentido, las energías del Espíritu de Paz o Equilibrio, focalizadas a través de Maitreya, juegan un papel vital. Potentes y precisas, están cambiando la marea de odio e instintos de guerra que tanto inquietan a los habitantes de las naciones.

Las personas mismas están comenzando a desempeñar su papel. A través de las urnas y las manifestaciones están haciendo oír sus voces, haciendo conocer sus exigencias por la paz. Desde este punto no hay retorno. Las personas están percibiendo su poder y están llegando a comprender que ellas deben hacer la paz que todos desean, y que sólo cuando la justicia reine con la libertad la bendita paz estará asegurada.

Esta creciente comprensión preparará el terreno para el anticipado emerger de Maitreya.

Diciembre 2006

Maitreya se presenta

El emerger de Maitreya se ha casi consumado. Su trabajo abierto público comenzará realmente muy pronto. Desde ese momento comenzará el proceso de enseñanza y de hacerse conocer, gradualmente, a los pueblos del mundo. El tiempo que esto llevará sigue siendo incierto, pero debe ser relativamente rápido. Al principio, por supuesto, podría haber mucha oposición a Sus puntos de vista y a la naturaleza de Su consejo. Esto es de esperar, tan alejado del pensamiento predominante es Su pensamiento. Gradualmente, sin embargo, La mente incisiva de Maitreya penetrará y revelará los defectos de las actuales creencias sobre el medio ambiente y sobre temas sociales, económicos y políticos. La lógica y la sabia comprensión de Sus palabras convencerán a muchos a escuchar y a contemplar más allá, mientras Su Rayo penetrará los corazones de millones y convertirá Sus sencillas palabras en revelaciones de la Verdad. Nadie, de momento, conoce el poder amoroso de Maitreya, ni tampoco los hombres pueden entender Su sabiduría inescrutable.

Mientras millones se unen a Su causa, exigiendo paz y justicia a través del compartir y la comprensión, los hombres se levantarán y galvanizarán por una nueva esperanza y un anhelo de fraternidad y correctas relaciones. Ellos exigirán cambio a una escala hasta ahora desconocida. Los gobiernos y hombres de poder se verán forzados a responder a las exigencias, y poco a poco, la estructura contra el cambio se desmoronará ante la embestida de una voz de opinión pública ahora capacitada. Así, por la lógica, la revelación y la confianza engendradas por Su amor, Maitreya utilizará la buena voluntad que existe, aunque desconocida, en cada corazón.

Maitreya hablará a millones de hombres a través de la televisión y la radio. Todos tendrán la oportunidad de compartir Su bendición que acompañará cada aparición. Así las personas de todas partes se familiarizarán con Su mensaje y el estímulo de sus corazones. Mucha especulación rodeará Su identidad y muchas serán las teorías presentadas, pero todos a su propia manera le verán como el heraldo de lo nuevo, un portador de verdades integras y el presentador de un estilo de vida cercano a sus corazones.

Por supuesto, habrá aquellos que se sentirán amenazados por Sus ideas, y que intentarán detener Su progreso pero, cada vez más, la belleza y la sensatez de Sus palabras inspirarán a las personas de todas las naciones a verle como su portavoz y líder. Así será. Las personas le pedirán que hable en su nombre para todo el mundo, y el Día de la Declaración será anunciado.

Este día, como ninguno antes o después, proporcionará a Maitreya la oportunidad de revelar Su nombre, título y propósito, como el Instructor del Mundo para la Nueva Era, el líder de la Jerarquía Espiritual y el Esperado por todos los grupos religiosos. Como el amigo y el instructor de todos los que necesitan Su ayuda Él se presentará a sí mismo; como un hombre sencillo que conoce el dolor y el sufrimiento de los hombres y busca aliviar su suerte, que ama a todos totalmente, sin condición, y que ha venido a mostrarnos los pasos hacia la alegría.

Uno tal está a punto de presentarse al mundo y dar Su consejo a todos. Podríamos haber oído las palabras antes. Ahora, con Su bendición, comprenderemos su significado, y actuaremos.

Enero/Febrero 2007

La agrupación de las Fuerzas de la Luz

Importantes acontecimientos están teniendo lugar en muchos lugares del mundo. Las personas de todas partes se asombrarán de las noticias. Éstas incluyen avistamientos, en números sin precedentes, de naves espaciales de nuestros planetas vecinos, Marte y Venus en particular. Nada como esta incrementada actividad, sobre grandes zonas de la Tierra, se habrá visto antes. Aquellos que tenazmente han rehusado tomar en serio la realidad de este fenómeno tendrán dificultad en negarlo. Cada vez más relatos de contacto con los ocupantes de las naves espaciales añadirán su testimonio al hecho de su existencia. Sucesos milagrosos de todo tipo continuarán y se multiplicarán en número y variedad. Las mentes de los hombres quedarán perplejas y asombradas por estas maravillas, y esto les hará reflexionar profundamente.

A este mundo lleno de asombro y maravillado entrará Maitreya silenciosamente y comenzará Su trabajo abierto. Se le pedirá que contrarreste sus dudas y temores, que explique estos acontecimientos y Él certificará su validez. Estos acontecimientos extraordinarios continuarán incesantemente y harán que muchos profeticen el fin del mundo. Maitreya, sin embargo, continuará en Su simple sendero e interpretará diferentemente estos sucesos.

Así Maitreya animará a los hombres a ver la maravillosa amplitud y alcance de la vida, las muchas capas que el hombre poco sabe hasta ahora. Suavemente Él les introducirá poco a poco en las verdades de nuestra existencia, las Leyes que la gobiernan, y los beneficios alcanzados al vivir dentro de estas Leyes. Él familiarizará a los hombres con la inmensidad de nuestra Galaxia y mostrará que, en su momento, los hombres de la Tierra conquistarán el Espacio y el Tiempo. Él animará a los hombres a buscar dentro, como también fuera, las respuestas a sus problemas, y validará su constante conexión entre ellos y con el Cosmos. Él recordará a la humanidad de su larga historia y de los muchos peligros que el hombre ha superado. Él sembrará las semillas de la fe en nuestro ilustre futuro y garantizará la divinidad eterna del hombre. Él mostrará que el sendero de la vida, el viaje evolutivo, conduce indefectiblemente hacia arriba como también siempre hacia delante, y que realizar el viaje juntos, como hermanos y hermanas, es la forma más segura y el sendero más iluminado de alegría. Buscad, pues, las señales de la entrada de Maitreya, hacedlo saber, e inspirad la esperanza de vuestros hermanos.

Marzo 2007

El camino a las estrellas

Pronto se hará evidente que la humanidad ha llegado a un impasse a través del cual no existe un sendero obvio. El seguimiento ciego de las fuerzas del mercado ha llevado a las naciones a una parálisis en su lucha feroz por los mercados y las ganancias.

Muchas andan más cuidadosamente mientras sus economías se tambalean, mientras otras, especialmente las ricas más nuevas, siguen adelante, buscando riquezas y crecimiento aún más grandes. Lentamente los más experimentados se están dando cuenta de que no todo está bien, que el futuro parece más desolador de lo que debería, que la siempre temida recesión podría no estar lejos, después de todo. Uno podría casi decir que un nuevo realismo está comenzando a mostrarse.

En esta situación sólo existe un camino a tomar por los gobiernos del mundo –un camino tan nuevo, tan imponderable podría parecer, que casi no se ha pensado en su realización.

Este nuevo camino es la piedra angular del consejo de Maitreya a las naciones. Es un camino no probado y no obstante tan obvio en su eficacia que los hombres se asombrarán por el éxito de sus acciones cuando se implemente. El camino es compartir, la demostración sincera de la unidad de los hombres. El principio de compartir trae a la manifestación la cualidad de la divinidad. Cuando los hombres compartan, se revelarán a sí mismos como Dioses potenciales. Nada es tan realmente divino como este gran gesto de Fraternidad. Cuando los hombres vean esto entrarán en una nueva definición de sí mismos y comenzará el establecimiento de la Era de la Rectitud. Así será.

Cuando Maitreya entre en las vidas de los hombres y traiga Su consejo, un nuevo capítulo se abrirá para los hombres. Ellos sabrán que no están solos en este vasto universo. Ellos sabrán que existen muchos otros mundos en los cuales sus Hermanos trabajan para ellos, salvándoles de mucho daño. Maitreya inaugurará la era de contacto con estos Hermanos lejanos suyos, y establecerá un futuro de mutua interacción y servicio. Así será.

Mis amigos, estos no son fútiles sueños sino las palabras consideradas de Uno que Conoce. Confiad, por tanto, y estad preparados para esta ampliación de vuestra visión y capacidad de servicio. Maitreya os mostrará que el camino a las estrellas es un viaje factible de iluminación. Él mostrará que las unidades de la vida una se manifiestan a través del Cosmos; que hasta ahora este conocimiento ha sido ocultado de los hombres pero proporcionará un sendero seguro a seguir por las futuras generaciones.

Mucho depende, por tanto, de la respuesta de los hombres a la orientación de Maitreya. Los hombres tienen realmente la elección: permanecer como hombres atrofiados en el crecimiento de su magnificencia, o convertirse en lo que en Verdad son, verdaderos Dioses. Maitreya está seguro de que los hombres responderán desde sus corazones, y que Él les guiará hacia su Destino.

Abril 2007

Salvar el planeta

Cuando la humanidad comprenda cuán grave es el desequilibrio ecológico de su hogar planetario, deberán realizar los pasos tan urgentemente necesarios para remediar la situación. Si los hombres no respondieran con la suficiente resolución serían culpables de sumir el planeta a una lenta pero inevitable destrucción. ¿Cuál sería, entonces, el legado transmitido a sus hijos? Para que esta autodestrucción no prevalezca, todos deben actuar juntos, y realizar los sacrificios necesarios. Esto supondrá un cambio completo de actitud sobre la integridad del planeta y de lo que actualmente se consideran las necesidades de los hombres.

No será fácil para algunos aprobar los cambios necesarios pero sólo con tal cambio puede asegurarse la vida del planeta. Ya se han ocasionado profundas mermas de las reservas esenciales de árboles de la Tierra. La deforestación ha causado una creciente pérdida de oxígeno y el aumento de gases de carbono. Esto ahora se encuentra en un punto crítico y exige una acción inmediata.

La realidad del calentamiento global está ahora aflorando en las mentes de millones de personas, y no obstante, a pesar de las abrumadoras pruebas algunos aún niegan que las acciones de los hombres sean la causa.

Nosotros, vuestros Hermanos Mayores, podemos decir con total convicción que las acciones de los hombres son responsables del ochenta por ciento del calentamiento global.

Maitreya, descubriréis, no tardará en llamar la atención del hombre sobre este urgente problema. Él confrontará a los hombres con las alternativas: los resultados beneficiosos de la acción presente, por un lado, y la destrucción que resultará de no hacer nada, o demasiado poco, por el otro. Así, la decisión es sólo del hombre.

Cuando los hombres comprendan esto se unirán seguro por la causa. Ellos verán que el futuro de sus hijos depende de la acción presente, y averiguarán de Maitreya y Su grupo los pasos necesarios que tomar. Maitreya abogará por una forma de vida más sencilla, una que se amolde con la realidad de la situación del planeta. Cuando suficientes personas estén convencidas de que esto es necesario habrá un creciente movimiento para simplificar en todo el planeta. Esto sucederá con una velocidad bastante inusual, tan inspiradas estarán millones de personas por la necesidad de cambio. Así se contrarrestarán los peligros más graves a que se enfrenta el planeta Tierra. Esto alentará a muchos y estimulará su disposición a más cambios.

Confrontados con el dilema del cambio necesario los hombres llegarán a comprender la inevitabilidad de aceptar el principio de compartir. Sólo el compartir hará prácticos y posibles estos cambios. Sólo a través del compartir puede utilizarse con éxito la abundancia del Planeta Tierra. Sólo a través del compartir puede esta abundancia conservarse correctamente. Sólo así puede el Planeta mismo vivir en armonía con su entorno y sus habitantes.

Mayo 2007

Transformación

No sería una sorpresa saber que la cifra real de civiles muertos en Irak ya ha excedido los 800.000, mientras que los heridos, de mayor o menor grado, se cifran en al menos un millón. ¿Durante cuánto tiempo pueden las fuerzas de ocupación ocultar estas cifras a sus pueblos? No cabe decir que estas fuerzas no escatiman esfuerzos por ocultar y rebajar, para su propio provecho, estas horrorosas estadísticas de destrucción. No es de extrañar, por tanto, que millones de iraquíes hayan huido de su país. ¿No es sorprendente que pronto la invasión de Irak será reconocida como el mayor desastre de tiempos recientes: ilegal, innecesaria y arrogante hasta el extremo?

Mientras el mundo espera, los norteamericanos y los británicos buscan librarse del cenagal que han creado, y hacerlo con toda la dignidad y credibilidad que puedan conseguir. Ciertamente las pancartas triunfales no están al orden del día. El legado es uno de muerte, caos y abuso de poder.

Mientras tanto las fuerzas de la reconstrucción se han puesto a trabajar para reparar los muros fracturados, físicos en Irak y psicológicos en otras partes. El mundo espera ansioso los resultados desconocidos que provienen de este triste episodio pero las esperanzas de muchos son curiosamente elevadas, dirían algunos, sin razón aparente. Si los hombres lo supieran, el mundo entero se prepara para cambios trascendentales, que enderezarán, no sólo el trauma de Oriente Medio, sino los peligros y tragedias de la Tierra misma.

Maitreya llama enérgicamente a la puerta. La puerta, pronto, se abrirá y el Señor del Amor entrará en la contienda. Cuando los hombres le vean se asombrarán de la simplicidad de Sus palabras pero también de la claridad de Su pronunciación. Su sabiduría desconcertará y deleitará en igual medida, atrayendo hacia Él a aquellos que están preparados para seguirle y reconstruir el mundo. Su nombre es Valor; igualmente Fortaleza de Propósito. El Gran Señor viene equipado como ninguno antes lo estuvo, preparado para combatir todo aquello que aflige y degrada al hombre.

Hay muchos que sonríen ante la noción de tal Presencia entre nosotros, pero pronto todos llegarán a conocer la verdad de estas palabras, y se posicionarán a Su favor o en Su contra. Así el Gran Señor emplazará ante la humanidad la cuestión de su supervivencia. Él mostrará que esencialmente los hombres son uno, sin importar el color o el credo, que la riqueza de la Tierra pertenece a todos y que compartir tal riqueza es la clave del futuro del hombre. Sólo el compartir, y la justicia que ello traerá, ofrece esperanza al hombre. Sólo la justicia forjada del compartir acabará con las plagas de la guerra y el terrorismo. Sólo el compartir y la justicia pueden llevar a los hombres a esa Fraternidad que su verdadera herencia. Cuando los hombres vean esto se pondrán a la altura del desafío y abordarán uno a uno los muchos problemas que nos intimidan ahora.

La Luz de Maitreya apoyará y equilibrará a los hombres en su afán por los cambios que deben venir, y, en orden correcto, el mundo se renovará. Así será.

Junio 2007

El giro de la rueda

Cuando los hombres comprendan cuán cerca de la autodestrucción han llegado, se estremecerán al pensar en las consecuencias de sus acciones. Pocas veces ha existido un momento en el que los hombres se enfrentaran a tal peligro. Incluso en la peor adversidad han luchado y se han puesto a prueba contra el destino. En tiempo recientes, sin embargo, los hombres han perdido tanto el sentido de su dirección que parecen inconscientes del peligro al que se enfrentan. Que este peligro y prueba son en gran medida de su propia creación no cabe duda que es responsable de su ecuanimidad y aparente indiferencia. Cuando los hombres sepan esto, se sorprenderán de saber cuán cerca de la aniquilación le han llevado sus acciones. Ellos realmente han jugado con la muerte, creando una presión inconcebible sobre Aquellos que se han comprometido a ayudarles. Los hombres, por supuesto, saben poco o nada de este escape, y continúan indiferentemente por su sendero. Que este sendero sólo conduce a un yermo desierto aún tienen que comprenderlo, tan excesiva es su ambición materialista.

Grandes son las posibilidades que aguardan a los esfuerzos creativos de los hombres, no obstante, y grandes serán sus logros cuando la luz brille y las viseras caigan de sus ojos.

Esta comprensión llegará cuando los hombres se giren hacia el interior nuevamente, y encuentren dentro de sus corazones la fraternidad y la unidad que todos instintivamente anhelan. Entonces llegará el florecimiento de nueva esperanza e inspiración, llevando a los hombres a renovar su ascensión hacia arriba, y a la creación de un mundo mejor. La simplicidad y el esfuerzo honesto reemplazarán la actual corrupción que tiñe todos los aspectos de las vidas de los hombres actualmente. Los hombres buscarán emular a Maitreya y Su grupo de Maestros, y así purificarán sus estructuras y estándares.

Con Maitreya y Su grupo guiándoles, los hombres llegarán a amar la simplicidad de las nuevas estructuras, y en ellas encontrarán una profunda satisfacción y coherencia. Se sentirán cómodos en un mundo despojado de competencia y de la tensión que eso conlleva. Trabajando juntos en cooperación hallarán una profunda felicidad y satisfacción en todo lo que hagan.

Maitreya no escatimará nada de Su ayuda y consejo, ni tampoco Nosotros, vuestros Hermanos Mayores, en Nuestros esfuerzos por inspirar la construcción de la nueva civilización. Las maravillas que glorificarán esta estructura venidera deleitarán y asombrarán a todos los hombres. Todos tendrán un papel que desempeñar en su construcción y todos darán lo mejor de sí en su logro. Así será.

Julio/Agosto 2007

La divinidad del hombre

Profundo en la conciencia de todos los hombres está la conciencia despierta de lo divino. Con algunos, está más cerca de la superficie de la mente; en otros yace relativamente desconocida y sin descubrir hasta que algún importante acontecimiento o estímulo la despierta de su sueño. Así algunos afirman de buen grado la existencia de lo divino mientras que muchos rechazan, a menudo acaloradamente, la realidad de todo lo que no puede conocerse, medirse y comprenderse por los cinco sentidos.

Hoy, muchos están percibiendo, cada vez más, la presencia de Maitreya, cuyas energías penetran todos los planos de conciencia. Ellos podrían no conocer el nombre, o incluso Su existencia, pero, respondiendo a Su energía, son conscientes de un nuevo y espiritual clima en el mundo. Encuentran difícil explicarlo pero saben con creciente certeza que viven en el aura de lo divino, y que todo irá bien. Ellos saben, también, que no están solos, que sus plegarias son respondidas, y que algo maravilloso y sagrado está sucediendo en el planeta Tierra. Ellos perciben que las estresantes y peligrosas condiciones actuales están llegando a su fin, que más allá del temor y de los fracasos de nuestro tiempo existe un mundo nuevo y mejor para ser modelado y que así será modelado.

Mientras tanto, Maitreya se prepara para ocuparse de todos los impedimentos del progreso y bienestar del hombre, con todo lo que impide la expresión de su divinidad, y también con el propio temor y fragilidad del hombre.

Él mostrará que el hombre ha venido de la fuente más elevada y está equipado con todo el potencial de los Dioses; que, libre del temor que le esclaviza, el hombre puede construir una civilización digna de su divinidad y genio creativo.

Él mostrará que sólo el temor y la falta de confianza condenan a los hombres a las actuales condiciones peligrosas que amenazan su existencia; que el simple acto de compartir traerá justicia y paz a su alterado mundo; que los hombres deben reconocerse como uno, un grupo, hijos del único Padre.

Así Él hablará. Así Él llamará a los hombres al cambio.

¿Cómo responderán los hombres? ¿Qué les parecerá el análisis de Maitreya de su posición y problemas? Maitreya no está solo al instar cambios y reformas en el mundo. Muchos hombres y mujeres sabios están respondiendo a Sus pensamientos y energía y proponen, ampliamente, Sus ideas. Lento pero seguro, estas ideas están arraigándose, y educan a grandes masas de personas hasta ahora indiferentes y no comprometidas. Así se está preparando el camino a Maitreya.

Aún y así, ¿cómo puede Maitreya tocar los corazones de los millones de personas necesarias para cambiar rumbo? La respuesta yace en la potencia de Sus energías. Nunca antes se erigió un Instructor de tal poder ante el mundo. Con cada palabra pronunciada, Su fuerza benefactora fluye de corazón a corazón. Inútil e innecesario es el argumento y el debate. Su Verdad invoca la Verdad en el corazón del oyente, y en el crisol de su compartida divinidad es reconocida como la Verdad Misma.

Septiembre 2007

Paso a paso

De tanto en tanto, Nosotros, vuestros Hermanos Mayores, intentamos consagrar a la humanidad en una comprensión del proceso evolutivo en el cual todos están inmersos, sabiéndolo o no. Para este fin, Nosotros transmitimos a discípulos, en su totalidad o parcialmente, esa Enseñanza que Nosotros juzgamos de valor, en ese momento específico, para ensanchar las mentes de los hombres y familiarizarlos con el conocimiento que iluminará su viaje.

De ahora en adelante, aunque este método de enseñanza continuará, Maitreya y Su Grupo se involucrarán cada vez más directamente con el público en general. Así la humanidad verá más claramente, y apreciará con más totalidad, la conexión entre la Enseñanza, más o menos esotérica en naturaleza, del proceso evolutivo y las circunstancias de sus vidas, momento a momento. Una comprensión más profunda del significado y propósito de sus vidas, y de las grandes Leyes que las gobiernan, será establecido de esta manera. Un gran paso hacia delante de la humanidad en su conjunto podrá así esperarse.

Para los discípulos e iniciados, la Enseñanza continuará de la forma habitual: durante las horas de sueño, y comunicada y publicada a través de ciertos discípulos. Con esta excepción: dado que los Maestros trabajarán abiertamente, cada vez más Enseñanza vendrá directamente a través de Ellos. Esto, por supuesto, acelerará el proceso de aprendizaje, y acortará el viaje para los discípulos hasta un grado significativo. Además, la presencia de los Maestros ayudará a eliminar la brecha que ahora existe entre los discípulos y el mundo de los hombres 'normales y corrientes'. Más o menos todos, en un nivel u otro, se consagrarán a un viaje consciente de descubrimiento y conciencia despierta creciente de la magnitud de la vida. Así será. Hasta ahora, un anteproyecto, sólo, existe para este considerable cambio en el énfasis de los métodos de Enseñanza utilizados por Nosotros, pero gradualmente este anteproyecto se transformará en una forma viviente de la cual todos se beneficiarán y crecerán.

Maitreya mostrará a los hombres que cada paso que realizan para reconstruir el mundo, y para establecer correctas relaciones humanas, es un paso adelante en su viaje hacia la perfección; que el paso interior para los discípulos debe corresponderse por el paso exterior del hombre no aún involucrado en el proceso iniciático; que todo es un todo interrelacionado e integrado. Paso a paso, el hombre realizará su sendero a su propio ritmo; paso a paso, el hombre se mueve de la ignorancia al conocimiento, de la injusticia a la justicia, de la esclavitud a la libertad.

En todos tales esfuerzos, habrá momentos en los que el progreso parecerá lento e improbable; pero el hombre crecerá en certidumbre y confianza, y aprenderá el método de 'paso a paso'. Su divinidad innata, perdida ahora en el materialismo y la comercialización, florecerá nuevamente bajo la enseñanza de Maitreya y Su Grupo. El hombre llegará a conocerse como la fuente creativa de todas sus necesidades.

1 de Septiembre 2007
***SI* Octubre 2007**

[Nota del Editor: Desde Octubre de 2007, la revista Share International comenzó a incluir la fecha en la cual cada artículo fue dictado por el Maestro de Benjamin Creme. En lo sucesivo se proporcionarán ambas fechas.]

La Tierra atribulada

Se podría decir que finalmente algunos hombres están comenzando a tomarse seriamente los peligros planteados por el calentamiento global y los consiguientes cambios climáticos que está causando. Es cierto que existe mucha discrepancia sobre la realidad y alcance de los peligros, y de los mejores medios para abordar los problemas que se admite que existen. Sin embargo, no cabe duda de que algunos hombres, al menos, están reconociendo que los hombres se enfrentan a una tarea formidable para detener el progreso de la destrucción y estabilizar el medio ambiente. También es cierto que incluso los hombres más conscientes y preocupados conocen poco la amplitud y complejidad de los problemas.

El problema de la contaminación es uno de tales casos. La contaminación toma muchas formas, algunas obvias y fáciles de abordar, si existe la voluntad de hacerlo. Algunas, sin embargo, requieren de una ciencia y un remedio aún desconocidos para el hombre; son tan tóxicos y destructivos que deberían tener la máxima prioridad para superarlos. El efecto de la contaminación en la calidad del aire, los alimentos, en los animales y en los peces, en los ríos y los océanos, es conocido pero en gran parte ignorado. El más destructivo de todos, el causado por la radiación nuclear, espera el descubrimiento por parte de los científicos de la Tierra. Los niveles superiores de la radiación nuclear están más allá de la actual tecnología atómica. También son los más tóxicos y peligrosos para el hombre y los reinos inferiores. En todos esos niveles deben superarse los problemas de la contaminación. Esto puede lograrse sólo con una completa reconstrucción de las actuales estructuras políticas, económicas y sociales.

El hombre ha devastado y contaminado la Tierra, y dañado gravemente su propio entorno. Ahora el hombre debe considerar como una primera prioridad remediar aquello que ha dañado para así restablecer la salud de su planeta enfermo. Él debe aprender a simplificar sus exigencias sobre el planeta y aprender la belleza de la simplicidad y la alegría de compartir.

El hombre tiene poca elección: la urgencia de la tarea exige acción inmediata; pocos realmente comprenden la verdadera magnitud del daño ya infligido. La pregunta puede formularse: ¿puede el planeta Tierra ser salvado y con qué medios?

La respuesta es un rotundo ¡SÍ! y por medios que conllevan la transformación de los modos de vida actuales de la mayoría de los hombres.

La suma ambición de los así denominados países 'desarrollados' es lograr un siempre creciente porcentaje de crecimiento de sus economías para hacerse, así, más ricos; y, en un mundo económico basado en la competencia, alcanzar dominio y poder, y así disfrutar de niveles más elevados de vida. Siendo esto así, el pillaje de la Tierra, el arrogante despilfarro de recursos, se considera como algo natural y necesario. Esta acción irresponsable ha llevado finalmente al planeta Tierra al borde de la ruina.

Maitreya, podéis estar seguros, no tardará en abordar este urgente problema y en presentar Sus soluciones. El primer paso, Él abogará, es la aceptación de la urgencia que muchos actualmente niegan. El compartir, Él dirá, es el comienzo del proceso de cambio que proporcionará las respuestas a nuestras penurias y a la rehabilitación de la Tierra.

14 de octubre de 2007
SI **Noviembre 2007**

Preparando el futuro

Hacia el fin de una Era y el comienzo de un nuevo ciclo Cósmico, todo comienza a desmoronarse. Las viejas y probadas formas de vivir ya no funcionan, ni satisfacen las necesidades de una humanidad que avanza. La certeza da lugar a la incertidumbre, lo conocido ha perdido su poder de convicción, y los hombres se sienten desconcertados, perdidos y llenos de temor. Así sucede ahora mientras nos encontramos, perplejos, en esta fase transitoria entre la vieja Era de Piscis y la nueva dispensación Acuariana.

La Era de Acuario durará aproximadamente 2.350 años y traerá mucho beneficio para los hombres mientras sus energías incrementan su potencia a lo largo de los siglos. Sin embargo, actualmente, las viejas formas de Piscis, anticuadas pero aún no superadas, aún prevalecen y determinan los pensamientos y las acciones de la mayoría de los hombres. Siendo esto así, incontables millones de personas viven presas de las acciones de aquellos líderes cuyas naciones son poderosas y dominantes en la actualidad. Así es este un momento de agitación y tensión, desarmonía y lucha.

Que este tiempo problemático no durará mucho más podéis estar seguros. Ya, las señales del cambio son evidentes para Nosotros, vuestros Hermanos Mayores. Nosotros vemos claramente los perfiles de condiciones completamente diferentes de aquellas que ahora prevalecen. Vemos un mundo en paz, un mundo donde la justicia reina, donde la libertad adorna las vidas de hombres y mujeres en todas partes. Sabemos que los males actuales son transitorios y pasajeros, que no está lejos el momento para que la luz del Nuevo Amanecer ilumine las vidas de los hombres y les rete a la acción. También sabemos que los hombres en sus corazones están preparados y ansiosos por el cambio, y se pondrán a la altura del desafío con afán y voluntad; ellos sólo aguardan inspiración y orientación.

Esa inspiración y orientación Maitreya está ansioso de conferir, en toda su dimensión y más, mientras Él aguarda la hora señalada que, por ley kármica, le permita proseguir.

Entonces el Gran Señor entrará, abiertamente, en el dominio de los hombres. Entonces Él desafiará las suposiciones de los hombres de poder y riqueza. Maitreya hablará por los millones de personas sin una voz; por los desposeídos y hambrientos que viven angustiados día a día; por aquellos que languidecen en las prisiones del mundo por atreverse a desafiar los edictos de sus 'superiores'. Él hablará por todos los hombres que aman la justicia y la libertad y alzará alto Su voz en su causa. Él atenuará la ira de aquellos que gobiernan con la guerra; Él sellará para siempre la puerta a través de la cual la guerra entra y corrompe el dominio del hombre. Todo esto, a través de los hombres, Él conseguirá, y así restablecerá la cordura y la paz a la Tierra.

Calmadamente, y con propósito, Él prepara el futuro dorado, la herencia de los hombres, y reúne a las 'luces brillantes', los hombres y mujeres que modelarán ese futuro.

11 de Noviembre de 2007
SI **Diciembre 2007**

Una llamada a los medios de comunicación

Durante muchos años los hombres han aguardado, impacientemente sin duda, pruebas de que Maitreya verdaderamente existe, y lleva a cabo Su trabajo entre nosotros. Por qué esta duda debe persistir durante tanto tiempo es, quizás, difícil de comprender, dadas las enormes transformaciones de nuestro mundo que claramente han tenido lugar, cada una predicha por Maitreya, y puesta a disposición del público y de los medios de comunicación mundiales. ¿Qué impide la aceptación –incluso como una hipótesis– de que tan bienaventurado suceso ha tenido lugar realmente?

Los medios de comunicación del mundo conocen cada faceta de esta información, por muy poco que informen al público de su naturaleza. Muchos de sus representantes han conocido a Maitreya, le han oído hablar, y no obstante permanecen en silencio.

¿Por qué esto ha de ser así? ¿Qué inhibe el anuncio público de estas noticias satisfactorias? Por regla general el problema es el temor: temor al ridículo, temor a la incredulidad; temor de pérdida, de su posición o trabajo; temor a que sean de algún modo engañados, de que no hayan visto lo que vieron u oído lo que oyeron. Es más fácil poner a un lado sus experiencias y dejar que Maitreya mismo –si Él realmente existe– se presente y muestre al mundo Su Presencia factual.

Esta visión, lo suficientemente lógica para aquellos que así esperan silenciosamente, muestra poca comprensión de las Leyes que gobiernan la aparición de un Instructor de la estatura de Maitreya.

Muchos dignos Instructores vienen a nuestras vidas, hacen su trabajo, y causan poca reverberación en la superficie del pensamiento y acción de los hombres. Rara vez necesitan precursores para preparar su camino. Maitreya, sin embargo, es el Instructor del Mundo, Líder de la Jerarquía, y tiene intención de servir como tal durante el próximo ciclo mundial. Su impacto en la humanidad no puede comprenderse. Su venida es un acontecimiento realmente trascendental, que debe prepararse con antelación, y ser explicado adecuadamente a los hombres de cada condición.

Los medios de comunicación del mundo están colocados idealmente para informar a los hombres de los verdaderos acontecimientos de nuestro tiempo. Se les busca por información, y a menudo orientación, por millones de personas sedientas de la verdad, de conocimiento y esperanza. Incumbe a los hombres y mujeres de los medios de comunicación, hombres y mujeres de buena voluntad, familiarizarse ellos mismos con esta información, donde sea preciso, y servir al público con su seria introducción. Entonces ellos verán a Maitreya abiertamente, preparado para mostrarnos a todos cómo enderezar el mundo.

12 de enero de 2008
SI **Enero/Febrero 2008**

El Cristo como Instructor

Muchas personas aguardan y esperan el emerger del Cristo pero tienen una visión muy distorsionada de cómo eso afectará a la humanidad. Muchos le aguardan como un Mago Espiritual que anulará los defectos propios y ajenos, y así establecerá una paz duradera. La suya es una visión muy pasiva de este vasto y complejo acontecimiento. Para Maitreya, es una oportunidad de entrar en una interacción dinámica con la humanidad, para establecer los Principios del Plan Divino, y para inaugurar la era de Correctas Relaciones Humanas.

Esto implica la activa respuesta y participación de hombres y mujeres de todas partes: un proceso de cambio continuo y mundial en las estructuras externas y las percepciones internas.

Maitreya no ve como particularmente abiertas y fructíferas aquellas áreas del mundo donde los cristianos son mayoría. Ni tampoco otras grandes religiones le inspiran más esperanza de comprensión. Sin duda alguna, en todas las religiones existen hombres y mujeres que están preparados para responder y actuar para el beneficio de todos. Asimismo, en cada esfera de la vida, en cada país del mundo, personas aguardan la señal que les convocará a la acción en nombre de sus hermanos y hermanas, conocidos y desconocidos.

Muchos aguardan al Cristo como el Juez, enviado para escarmentar y castigar a los infractores. Maitreya, el Cristo, es un Instructor, y realmente enseñará al hombre las Leyes de la Vida, pero un Juez nunca lo ha sido, ni el castigo tiene lugar en Su vocabulario. Él buscará inspirar a los hombres a reconocerse como almas en encarnación, realizando un viaje de autodescubrimiento juntos, y ayudándose unos a otros en el camino. Él afirmará que la competencia entorpece y desvía a los hombres de su sendero, haciendo estéril cada vislumbre de la naturaleza del alma.

Los hombres se han desviado mucho de ese Sendero. La comercialización tiene a la humanidad por el cuello y está exprimiendo todo pensamiento y gesto generoso de sus vidas. Las almas de los hombres pueden soportar poco más de esta opresión y están gritando en su agonía y frustración. Ellos se asombran, entonces, del aumento del crimen y el caos perpetrado por la juventud en todas partes.

Maitreya informará a los hombres del origen de las guerras y la acción militar en todo el mundo. Él mostrará cómo incluso el clima y el tiempo están insatisfechos como resultado de ello. Los hombres tienen mucho que aprender sobre los efectos de sus acciones, y la necesidad de disciplina y cuidado.

El Cristo viene a enseñar. Los hombres, el libre albedrío intacto, deben responder para crecer. El Cristo, Maitreya, nunca utiliza la fuerza, incluso si así aprenderíamos más pronto. Él sabe que sólo aquello que es acometido por el libre albedrío del hombre es lícito y probable que de sus frutos.

10 de febrero de 2008
SI **Marzo 2008**

Las personas despiertan

Podría parecer imposible de creer, o demasiada ensoñación, pero desde el punto de vista más elevado de vuestros Hermanos Mayores, cambios significativos para mejor están teniendo lugar en todo el mundo. Vemos un creciente movimiento hacia la unidad y la justicia, y una creciente realización de la absoluta necesidad de que reine la paz si la humanidad quiere continuar su sendero de evolución. Esto representa un inmenso paso hacia atrás desde el borde de la autodestrucción.

Existen muchos, por supuesto, que aún conciben y perfeccionan las herramientas de guerra, haciéndose ricos y poderosos en este comercio mortífero. Las personas, sin embargo, están despertando; un tambor diferente está marcando un nuevo ritmo y los pueblos responden. En casi todo país los hombres están percibiendo una nueva luz, un pensamiento acelerado, una creciente esperanza. La Libertad, la Justicia y la Paz están comenzando a percibirse como más cercanas, más reales, más posibles de alcanzar como nunca antes. Las comunicaciones globales están dando a los hombres un nuevo sentido de ellos mismos como una humanidad. Esta nueva conciencia despierta no es completa ni perfecta, por supuesto, pero Nosotros vemos claramente el comienzo de una nueva y esperanzadora tendencia en esta dirección. Esto, realmente, alegra Nuestros corazones e indica una correcta respuesta a las energías del Nuevo Tiempo.

Cuando Maitreya se presente y comience Su Misión abierta, esta tendencia se magnificará y convertirá en el objetivo y propósito de hombres y mujeres de buena voluntad en cada país. Cada vez más, los hombres comprenderán que, a pesar de las diferencias de color, raza y religión, los hombres y mujeres de todas partes son uno, que necesitan la misma justicia y libertad que algunos piensan es solo suya por derecho.

Maitreya enfatizará la absoluta necesidad de paz, y que la completa renuncia de la guerra sólo puede lograrse con la confianza. Sólo el compartir, afirmará Maitreya, puede engendrar esa confianza.

Así Maitreya hablará, así Él fomentará el sentido de la humanidad Una y la necesidad de compartir. Huelga decir, no todos los hombres responderán a la llamada de Maitreya a la Unidad y la Fraternidad, pero al penetrar la voz de la razón y la justicia en los corazones de los hombres, más y cada vez más verán la verdad de Su visión y la necesidad de cambio. Así será, y así los hombres despertarán a la Luz de la Verdad que está entre ellos, y le verán como su Líder y Guía. Delicada, pero firmemente, Él persuadirá a los hombres a actuar para sus propios intereses más elevados. Como un hermano mayor Él liderará a los miembros más jóvenes de Su familia paso a paso hacia su propia verdad.

El momento no está lejos, en realidad está muy cerca. Observad y escuchad la creciente voz de los pueblos del mundo mientras la esperanza y la alegría por igual surge en sus corazones.

Entonces sabréis que la rueda ha girado. Que el dolor de la pobreza y la injusticia ya no existirá. Que la blasfemia de la guerra ha sido renunciada para siempre. Que la Ley del Amor ha encontrado su sitio legítimo en los corazones de hombres y mujeres en todas partes de éste, nuestro mundo.

9 de marzo 2008
SI **Abril 2008**

Las ciudades del mañana

Si y cuando un hombre de Marte aterrizara su nave espacial en la Tierra y mirara a su alrededor, él seguro se sorprendería de su entorno. A menos que su misión le llevara al campo, él se preguntaría cómo las personas de la Tierra pueden tolerar la monotonía abyecta y cruda fealdad de tantas poblaciones y ciudades del mundo. La profusa miseria de los más pobres sólo es igualada por la ostentosa y árida prepotencia de los más ricos. Dondequiera que uno mire en la Tierra, parecería, bloques de oficinas como gigantescos hormigueros cubren el terreno, rodeados de incontables filas de cubos casi idénticos en los cuales las hormigas exhaustas se recuperan durmiendo. Por supuesto, nuestro amigo de Marte descubriría, que existen excepciones a esta ubicua mediocridad privadora de vida, pero, descubriría, que todas son reliquias del pasado, mantenidas y preservadas orgullosamente como centros turísticos de placer mientras que la población local se las arregla en silenciosa envidia.

Lo anterior es, por supuesto, una caricatura, pero no es por nada que entre las prioridades de Maitreya esté el embellecimiento de nuestras ciudades. Una ciudad es más que sólo un sitio donde se puede hacer dinero y disfrutar de los frutos de la creación. Es un Centro, un Imán que congrega a grupos de personas para intensificar y enriquecer la conciencia de todos. Es un lugar en el cual el alma de un país al que agracia puede manifestarse y adornar los logros de los hombres en todas partes. Una ciudad, por tanto, debe ser un lugar de belleza, de gran variedad y color, con muchas zonas tranquilas para la meditación y el reposo. No deberían ser demasiado grandes; muchas ciudades modernas repelen en vez de atraer a sus ciudadanos. Deberían ser abiertas y acoger bien a todos, compartiendo sus dones especiales con los residentes y los visitantes por igual.

Una ciudad es un centro de energía cargado, cada uno diferente y expresando muchos rayos y cualidades diferentes. Juntos, ellos moldean la personalidad de un país y proporcionan la oportunidad para que el alma de la nación se exprese. Cuando Maitreya y los Maestros estén trabajando abiertamente, la importancia de ciertas ciudades se hará más clara.

Como grandes centros de población, la ciencia de la energía venidera florecerá de forma natural en las ciudades. La nueva Ciencia de la Luz transformará la apariencia exterior de todas las ciudades del mundo. La energía de la luz, directa del sol, fluirá hacia y desde contenedores de diversos tamaños mientras que el Poder de la Forma determinará la naturaleza de la energía necesaria y almacenada.

Sin duda, llevará muchos años transformar las ciudades del presente en los sitios de belleza en que se transformarán. Sin embargo, los hombres necesitan ser capaces de visualizar que tales ciudades pueden y serán construidas, y que las ciudades existentes se reconstruirán. Al decrecer la población de la Tierra, como lo hará, las ciudades alcanzarán su mejor tamaño final y florecerán.

12 de abril de 2008
SI **Mayo 2008**

Cuando los hombres miren atrás

Dentro de unos pocos años, mirando hacia atrás, los hombres se preguntarán por qué tardaron tanto tiempo en realizar la acción más obvia y natural: compartir los recursos del mundo. Experimentando con entusiasmo la nueva estabilidad, la falta de tensión, la facilidad de la cooperación internacional, los hombres se preguntarán cómo pudieron haber estado tan ciegos a lo evidente, tan tercos y destructivos para sus propios mejores intereses durante tanto tiempo.

La humanidad se encuentra ahora en el umbral de una experiencia completamente nueva en la cual cada decisión global y acto será visto como una mejora, que nutre y santifica sus vidas, y fortalece los lazos de Fraternidad que, hasta entonces, han ignorado y casi olvidado. De buena gana, los hombres entonces trabajarán juntos para el Bien Común, dejando atrás firmemente el odio y la desconfianza del pasado. Así emergerá una nueva afinidad como Buena Voluntad y Respeto, como una levadura vitalizante, saturando sus despiertas vidas. Así, también, en una medida cada vez más creciente, el amor y la alegría abrazarán y aligerarán los corazones de los hombres y mujeres de todas partes.

¿Qué alquimia sutil podría conseguir esta mágica transformación en las vidas de los hombres? No la alquimia sino la divinidad que mora en los corazones de los mismos hombres, evocada y exteriorizada por el prodigio del Amor de Maitreya. "Compartir", Él ha dicho, "es divino; el primer paso hacia el compartir es el primer paso hacia tu divinidad". En el hombre mismo yace la completa dimensión de esa divinidad. El compartir demostrará que el hombre es un

Dios en potencia y está equipado para expresar la Voluntad creativa de su Fuente.

Lento pero seguro, ese Propósito creativo se manifestará a través de los hombres y así dirigirá sus acciones y decisiones. El antiguo desorden se desvanecerá y desaparecerá como un recuerdo borroso de un pasado distante e infantil. Así será.

Nosotros, vuestros Hermanos mayores, vemos cada vez con más claridad los perfiles de un futuro brillante que se extiende por delante de los hombres; Nosotros vemos los anteproyectos de una ciencia que asombrará a las mentes más fecundas y brillantes de hoy; Nosotros vemos, también, un arte cuya belleza y poder creativo nunca ha sido contemplado, hasta ahora, por los hombres.

Sobre todo, Nosotros reconocemos que este flujo creativo, sin precedentes en dimensión en la historia humana, es el resultado inevitable del gran cambio interior que la humanidad está experimentando: aprendiendo a vivir dentro de las Leyes de la Vida. Cuando los hombres vean y comprendan esto conscientemente, como un hecho de la vida, ellos realizarán, con gusto, los pasos que conducen directamente a la Paz y la Justicia, la Libertad y las Correctas Relaciones. Ese primer paso se llama Compartir.

Con Maitreya, el Señor del Amor, y Su grupo de Maestros para ayudar y guiar, cómo puede el hombre no lograr ver que el Compartir y las Correctas Relaciones son lo mismo, tienen el mismo impulso: demostrar el afán de Unidad que subyace nuestra aparente separación, y así revelar la verdadera naturaleza de los hombres como Dioses.

23 de abril de 2008
SI **Junio 2008**

La Unidad de la Humanidad

El momento pronto se acerca en el que los hombres verán por sí mismos que la dirección en la cual están embarcados ahora es falsa, infructuosa para su futura felicidad, y condenada al fracaso. Viendo esto, ellos se formularán las preguntas: ¿Por qué este vacío? ¿Por qué no logramos alcanzar la paz que buscamos? ¿Dónde nos equivocamos? Volviéndose entonces a Maitreya, ellos evaluarán Sus palabras, contrastando su relevancia con su grave situación. Ellos encontrarán que fundamental para el pensamiento de Maitreya está el concepto de Unidad. Los hombres deben, Él les asegurará, verse a sí mismos como Uno, cada uno parte de un Todo unido —la familia humana— y que todo lo que hacen debe reflejar esa Unidad. El actual fracaso a apreciar esta realidad, Él sostendrá, es responsable de todas nuestras dificultades y problemas, nuestra desarmonía y temores, nuestros conflictos y guerras.

"Ved a vuestro hermano como a vosotros mismos", dice Maitreya. Cread un Almacén Internacional del cual todos puedan proveerse. Sólo así, con el Compartir, puede el mundo renovarse, es Su Enseñanza. Sólo con el Compartir, Él afirmará, los hombres encontrarán la felicidad que buscan. Sólo el Compartir traerá Justicia y Paz.

Así Maitreya guiará los pensamientos de los hombres hacia la Verdad que Él trae y es. Así Maitreya mostrará a los hombres sus errores y la solución a su dilema, y así los hombres evaluarán su situación y, en número creciente, comprenderán la Verdad de Su consejo.

Cada vez más, los hombres verán que la orientación de Maitreya es la única forma de lograr la felicidad y paz que todos internamente ansían. Retenidos por el temor hasta entonces, ellos encontrarán en Su sencilla Enseñanza la respuesta a todos sus temores y males.

Naturalmente, no todos encontrarán en Maitreya la orientación que buscan. Muchos, realmente, encontrarán en Su Enseñanza todo lo que ellos temen y odian. Gradualmente, no obstante, el ardor de aquellos que pueden responder y resonar a Sus simples palabras de Verdad traerán a millones a Su causa de Justicia y Paz. Su Enseñanza, aunque sencilla, penetrará en los corazones de todos aquellos en los cuales el amor aún no se ha extinguido.

Así Maitreya trabajará en todo el mundo, atrayendo a Su lado a todos lo que anhelan un nuevo comienzo, un mundo más simple y feliz en el cual gestar sus familias en paz y armonía.

El Día de la Declaración será la señal para ese nuevo comienzo para el Planeta Tierra. En ese día sin precedentes, los hombres experimentarán la Unidad de la cual Maitreya habla. Ellos percibirán que toda la humanidad está pasando por la misma experiencia. Ellos sentirán un humilde orgullo de ser uno de una inmensa familia de hermanos y hermanas cuyos corazones están latiendo juntos en un amor totalmente nuevo. Esta sensación de pertenencia juntos les abrazará y motivará lágrimas de una alegría largamente olvidada a todos y cada uno.

15 de Junio de 2008
***SI* Julio/Agosto 2008**

Vedle y alegraos

Muchas veces a lo largo de los años he dicho que Maitreya emergería 'pronto', y así esta expectación se ha mantenido vitalmente viva en los corazones de millones de personas. Que Su emerger completo no ha tenido lugar aún no es una señal de perfidia por Mi parte, sino más bien un resultado de la extraordinaria naturaleza y dificultad de esta iniciativa. Los hombres, en general, no conocen las leyes que gobiernan un evento así, ni los límites a la acción de Maitreya que estas leyes crean.

También, Nosotros, vuestros Hermanos Mayores, trabajamos fuera y más allá de la noción del tiempo, y encontramos dificultad en situar Nuestras ideas e información ante los hombres cuya comprensión aún está gobernada por el 'hecho' del tiempo. No obstante, cuando todo está dicho, este 'tiempo' presente debería verse por los hombres como la antesala en la cual Maitreya pacientemente espera la señal para emerger abiertamente en el escenario mundial. Las actuales condiciones caóticas, especialmente en los campos económico y financiero, han inclinado la balanza y hecho posible una decisión de un período que los hombres mismos bien acogerían como 'pronto'. No tardará mucho, por tanto, hasta que el Gran Señor comience Su misión abierta, aunque no declarada. Observad y esperad con una convencida comprensión de Sus prioridades, y así no lo perdáis.

¿Cómo verá la humanidad a este hombre extraordinario, como nunca visto en la memoria reciente aunque obviamente uno de nosotros? ¿Cómo responderán los hombres a la simple verdad de Su declaración? ¿Y cuán rápidamente responderán los hombres a Su análisis de su grave situación? No es posible conocer con precisión cómo reaccionarán los hombres a su primera experiencia con Maitreya.

El Gran Señor será circunspecto y relativamente moderado en su primera aparición, a fin de que Él no ahuyente a aquellos que necesiten tiempo para evaluar Sus pensamientos y juzgar su relevancia. Pronto, sin embargo, muchos, Nosotros nos figuramos, se reunirán a Su alrededor, ansiosos de ver adoptados los cambios que Él sugiere. Ellos, a su vez, incitarán a sus hermanos y hermanas a considerar estas ideas esenciales, e iniciar una cruzada por la cordura en los asuntos mundiales. Estas ideas, que requieren una completa reconstrucción de nuestra actual forma de vida, gradualmente parecerán más lógicas, más prácticas y realizables de lo que al principio pudieron parecer, y así, una gran ola de entusiasmo por el compartir y las correctas relaciones recorrerá el mundo. Maitreya mismo potenciará estos movimientos naturales de pensamiento correcto entre las naciones, y trabajará para fomentar el creciente anhelo público por una nueva dirección.

Así Maitreya trabajará a través de los hombres para sembrar las semillas del Nuevo Jardín. Así Él engendrará en los hombres un ansia por lo real y lo verdadero, por la manifestación del amor y la justicia. De esta forma el Gran Señor sirve a la humanidad, mostrándoles la forma de vivir dentro de las Leyes Espirituales. Así el Señor del Amor se revelará a los hombres: como un Hermano, un Amigo, un Indicador del camino, un Viajero, como ellos, en el Sendero.

Vedle pronto entonces y alegraos; uníos a Sus filas y servid; despertaos a través de Él a vuestra divinidad.

14 de Julio de 2008
SI **Septiembre 2008**

El destino del hombre

Cuando los hombres despierten a su verdadero potencial se sorprenderán del rango de creatividad que será de ellos. La audacia de su pensamiento al principio les asombrará, y les conducirá a proyectos que son del todo inimaginables actualmente. Los hombres descubrirán que son, verdaderamente, Dioses potenciales. Del profundo sopor del pasado los hombres despertarán y se librarán del pesado abrigo de la ignorancia que durante mucho tiempo ha retrasado su progreso hacia delante. Así será.

El hombre está ahora en el punto decisivo en su larga aventura en la vida en el planeta Tierra. De ahora en adelante, todo progreso será el resultado de su considerada voluntad y razón. Ya no impedirán la codicia y la competencia su viaje a la perfección; ya no degradarán y mancharán su sendero la guerra y el afán por millones; nunca más el desorden y la separación gobernarán en el planeta Tierra.

Los pies del hombre se encuentran ahora en una escalera de ascenso que le llevará hasta las mismísimas estrellas.

Mientras Nosotros, vuestros Hermanos mayores, ocupamos Nuestros sitios a vuestro lado, veréis en Nosotros ejemplos, y os inspiraréis para ser como Nosotros. Veréis que Nosotros no conocemos la competencia, que Nosotros valoramos toda vida en la forma que sea. Veréis que Nosotros amamos sin distinción o condición; y trabajamos sólo y siempre para el cumplimiento del Plan. Los hombres están destinados por el Plan a alcanzar esa misma perfección; Nuestra es la labor de mostrarles el camino.

El sendero hacia tal perfección ha sido bien recorrido por Nosotros y hemos colocado los necesarios indicadores: los hombres deben ver a la humanidad como Una, hermanos y hermanas, hijos del Padre Uno.

La libertad y la Justicia son esenciales para todos, en todas partes, sin excepción, y sólo pueden lograrse con confianza.

Sólo el compartir puede crear esa confianza, y situar a los hombres en el sendero a su divinidad.

Los hombres, para ser felices, deben vivir dentro de las Leyes de la Vida: de Causa y Efecto, Renacimiento, Inofensividad y Sacrificio. Estas Leyes básicas son los Antiguos Indicadores que protegen a los hombres de la autodestrucción y el remordimiento.

Cuando Maitreya se presente en plena visión oiréis de nuevo estas Leyes, porque forman la base de toda Su enseñanza y la base de toda vida en el planeta Tierra.

El despertar de los hombres depende de que la humanidad perciba la importancia de estas Leyes y su buena disposición y preparación para cambiar. Esta actual supuesta civilización ha 'tocado fondo', es decadente y está muriendo, con poco más que ofrecer a los hombres más que privación y temor, y, finalmente, autodestrucción.

Maitreya viene a mostrar a los hombres que ellos tienen dentro de ellos todo lo que se necesita para convertirse en los Dioses que en esencia son. Para mostrarles cuán simple y bello es ese camino, y para inspirarles a percibir y aceptar su destino. Maitreya no duda de su respuesta.

5 de Septiembre de 2008
SI **Octubre 2008**

El escenario está montado

Durante muchos años, Nosotros, vuestros Hermanos Mayores, hemos advertido a los hombres de los peligros de seguir ciegamente las fuerzas del mercado que, por sí mismas, son ciegas. Así, la actual crisis económica y financiera generalizada no debería ser inesperada. La 'burbuja' creada por la competencia y la codicia tenía, inevitablemente, que estallar. No obstante los 'hombres del dinero' que construyeron estos elevados edificios sobre terreno inestable están atónitos del resultado, están confusos a la hora de comprender las razones de la catástrofe y ya están buscando formas mejores de continuar con la misma locura.

Las personas de los países peor azotados por los recientes sucesos, no obstante, conocen bien las razones del colapso, y están enfadados al saber que serán ellos los que sufrirán las dificultades y las carencias en los próximos meses y años.

Maitreya, esperando pacientemente entre bastidores, ve esto como una 'ventana de oportunidad' que le permite emerger abiertamente y comenzar Su misión externa. Así, la larga espera de Su emerger casi ha acabado. Muy pronto realmente ahora los hombres oirán la llamada de Maitreya a la acción y el cambio.

Ya, entre la miríada de analistas a los que los medios de comunicación han acudido para explicación y consejo en la crisis actual, existen unos pocos que sabiamente advierten de que un cambio radical es esencial; que el control y la regulación de los 'hombres de dinero' debe ser una máxima prioridad para evitar una repetición. Las personas piden imparcialidad y justicia y no están de humor para ser ignorados. Así el escenario está montado, al fin, para que las palabras de Maitreya sean escuchadas, y sean vistas como sensibles y ciertas. Él dirá a los hombres que la continuación del desorden actual sólo traerá más caos; que sólo una completa y ordenada reconstrucción del sistema económico mundial traerá justicia y paz; que sin tal justicia y paz el futuro será realmente desolador. Él les dirá que tenemos la respuesta en nuestras manos, que el mundo es uno; que vivimos y prosperamos como uno o nos enfrentamos a la aniquilación. Estas cosas, poco a poco, Maitreya contará al mundo y las personas responderán. Ante sus líderes actuales, ellos verán Su buen sentido, y darán la bienvenida a la oportunidad de poner en práctica Su consejo.

Cuánto durará esta fase es difícil de predecir pero, en las actuales condiciones caóticas podría ser relativamente corta en realidad. Los codiciosos 'hombres del dinero' han sido puestos en evidencia y sus métodos no han dado la talla. Las personas que sólo desean lo suficiente para mantener a sus familias decentemente están más que dispuestas a los cambios y los desafíos del futuro. Ellas desean justicia y paz y están preparadas para compartir y lograr estas preciosas metas. Las personas están preparadas; los 'hombres del dinero' están desconcertados y se lamen las heridas; Maitreya, también, está preparado, y tiene Su mano en la puerta.

11 de Octubre de 2008
SI **Noviembre 2008**

Evolución versus creacionismo

Muchas personas creen, o fingen creer, que este mundo como existe actualmente no tiene más de 5.000 años; que el Hombre y todas las criaturas del reino animal y las rocas del reino mineral fueron creadas en unos pocos días, completamente desarrollados y acabados en todos los aspectos.

Ellos sostienen que la evolución es un mito, que el relato de la creación de la Biblia cristiana es literalmente cierto y correcto. Para aceptar tal teoría es necesario cerrar los ojos a la ciencia en general y a las ciencias de la geología, la antropología, la paleontología y la arqueología en particular.

Es realmente cierto decir que hubo un tiempo en el cual los hombres no caminaban sobre la Tierra, cuando los dinosaurios, gigantescos en tamaño, vagaban y gobernaban en su lugar. También es cierto que, según Nuestros cálculos, la historia del Hombre es infinitamente más antigua de lo que la ciencia hoy cree. Con el cálculo actual, la humanidad tiene una antigüedad de 5 a 6 millones de años como máximo. Con Nuestra ciencia y tradición, sin embargo, el hombre-animal primitivo alcanzó el punto en el cual la individualización fue posible, y los 'Hijos de la mente' comenzaron su largo viaje de evolución. Ha llevado al Hombre 18,5 millones de años alcanzar el nivel actual. ¿Cómo entonces es posible que los 'creacionistas' inteligentes y educados sostengan, contra todas las pruebas científicas, lo que parece ser un concepto ridículo?

La respuesta yace en el hecho de que los evolucionistas y los creacionistas están realmente debatiendo cosas distintas; ambos, en su forma limitada, están en lo cierto. Los científicos modernos, observando objetivamente los hallazgos de Darwin, han acumulado una abundancia de pruebas a favor de la evolución, un largo, lento desarrollo de los hombres de sus ancestros animales, especialmente con el desarrollo de la mente.

Los creacionistas miran a la Biblia cristiana como su guía, ignorando el hecho que la Biblia fue escrita por cientos de personas a lo largo de cientos de años; que está escrita en lenguaje simbólico, y que está pensado que sea simbólico más que factual. El creacionista se esfuerza en enfatizar que el 'Hombre' fue creado por Dios, en 'la propia imagen de Dios', y así no debe nada a la evolución. Para él, Darwin y aquellos que le siguen se equivocan sobre el Hombre: que es un ser espiritual, de herencia divina, y si no siempre se comporta como la creación de Dios él ha sido corrompido por Satán.

¿Pueden estos puntos de vista diametralmente opuestos acoplarse y expandirse al mismo tiempo? Desde Nuestro punto de entendimiento los científicos de hoy, los evolucionistas, están indudablemente acertados en sus análisis del desarrollo del Hombre desde el reino animal. Debemos nuestros cuerpos físicos al reino animal. Eso, no obstante, no nos convierte en animales. Darwin, y aquellos que correctamente siguieron su pensamiento, describe sólo el desarrollo externo, físico del Hombre, ignorando en gran medida que todos nosotros estamos dedicados al desarrollo de la conciencia. El cuerpo humano casi ha alcanzado su consumación: queda poco más que alcanzar. Desde el punto de vista de la conciencia, sin embargo, el hombre apenas ha realizado los primeros pasos hacia un florecimiento que probará que el hombre es realmente divino, un Alma en encarnación. Un día, la realidad del Alma será probada por la ciencia y así será generalmente aceptada, y la vieja dicotomía se cicatrizará.

9 de Noviembre de 2008
SI **Diciembre 2008**

Primera entrevista de Maitreya

En el futuro muy cercano, las personas de todas partes tendrán la oportunidad de presenciar una señal extraordinaria y significativa, de una naturaleza tal que sólo se ha manifestado antes una vez, en el nacimiento de Jesús. Entonces, según la enseñanza cristiana, una estrella apareció en los cielos y condujo a tres hombres sabios de Oriente al lugar de nacimiento de Jesús. Pronto, una vez más, una luminaria semejante a una estrella de brillante poder será vista en todo el mundo. ¿Qué significa eso? ¿Cómo es posible?

La respuesta yace en el hecho de que este evento misterioso es una señal, y anuncia el comienzo de la misión abierta de Maitreya. Pronto después de que la señal aparezca en nuestros cielos, Maitreya dará Su primera entrevista a los medios en una televisión norteamericana.

En esa ocasión abierta y pública, aún no anunciado como Maitreya, el Instructor del Mundo presentará Sus puntos de vista sobre el actual caos económico y financiero que ahora asola al mundo. Él explicará sus orígenes y su resultado final, y presentará, hasta cierto punto, Su receta para la mejora de la actual y pesada carga de los pobres del mundo. Así Él preparará el camino para un anuncio más detallado y específico de Sus ideas.

¿Cómo responderán los espectadores? Ellos no conocerán Su trasfondo ni status. ¿Escucharán y considerarán Sus palabras? Es demasiado pronto para saberlo con certeza pero lo siguiente puede decirse: Nunca antes habrán visto o escuchado hablar a Maitreya. Tampoco, mientras escuchan, habrán experimentado Su energía única, corazón a corazón. También, éste es un momento único en la historia con naciones enteras desconcertadas y temerosas por el futuro. Por tanto puede asumirse que muchas personas que oirán Sus palabras estarán abiertas y ávidas de oír más. No es por nada que Maitreya ha esperado pacientemente este momento para entrar en el mundo público; Norteamérica, por ejemplo, no hubiera respondido antes. Ahora, por primera vez en muchos años, una nueva Administración tiene que ocuparse del caos financiero, el desempleo y el malestar social a una escala masiva. El momento de la verdad para Norteamérica y el mundo ha llegado.

No sólo en Norteamérica sino en todo el mundo, las personas están despertando a la necesidad y la posibilidad de cambio. Los políticos y economistas llaman a la presente situación un 'bache' y una 'recesión'. En realidad, estamos presenciando los últimos trompicones del viejo orden. Millones de personas se están volviendo conscientes de que la competencia y la codicia desenfrenadas no son el sendero más seguro para los hombres, de que tales doctrinas materialistas crean un 'terreno pantanoso' para los imprudentes, y, finalmente, para la crisis internacional que padecemos hoy.

Por supuesto, muchas personas de crecientes fortunas permanecen apartadas de la actual pérdida de confianza en las formas que les han hecho ricas, y piensan que sólo 'es cuestión de tiempo' hasta que volvamos a encarrilarnos y prosperemos de nuevo.

¿Prestarán atención a Maitreya y reconocerán el sentido de Su argumento? Perdidas en su arrogancia y autoestima, posiblemente no. Sin embargo, muchos son menos optimistas sobre un regreso al status quo. Muchos han sufrido dolorosas pérdidas y han perdido la fe en los viejos métodos. Las personas de las naciones están maduras y listas para el cambio. Ellas piden el cambio y una vida más significativa.

Maitreya recordará a los hombres de lo fundamental sin lo cual no hay futuro para el hombre: Justicia y Paz. Y el único camino hacia ambas es a través del compartir.

11 de Enero de 2009
SI **Enero/Febrero 2009**

El momento ha llegado

Con el tiempo, los hombres comprenderán que están viajando juntos en un viaje de descubrimiento del Ser, uno que les llevará en su momento a los pies del Más Santo.

La esencia de este viaje de descubrimiento es que es autopromulgado y deseado, y al mismo tiempo es compartido por todos los miembros, conocidos y desconocidos, de la familia humana. Cierto es que todos los hombres son hermanos, hijos del Padre Uno, cada uno dedicado, conscientemente o no, en esta trascendental aventura que denominamos vida. Para muchos hoy, desafortunadamente, esta aventura es una experiencia dolorosa y degradante; para millones de personas, es injusta y estéril, cuanto más pronto acabe mejor.

Poco sorprende, por tanto, que tantos vean la vida como dura y aplastante, sus sueños de la infancia de logros y felicidad tan solo recuerdos distantes.

Los hombres nacen para crear y crecer en conciencia despierta del Ser, y necesitan del entorno en el cual eso se haga posible. La terrible enfermedad de la comercialización ha robado a incontables millones de personas de su derecho de nacimiento y, mientras su crecimiento insidioso invade todos los aspectos de las vidas de los hombres, sus tentáculos del desastre exprimen todo sentimiento generoso y humano de sus corazones. La humanidad está esclavizada por la comercialización y en peligro de su alma.

¿Qué pueden hacer los hombres para revertir este proceso de desastre? Ya, el actual caos económico y financiero, síntomas de las fuerzas destructivas de la comercialización, están mostrando a los hombres que ya no pueden permitir a este monstruo gobernar sus vidas; que deben hacer balance y valorar nuevamente sus prioridades para una estructura económica más justa y saludable que sirva mejor sus necesidades.

Existen, por supuesto, muchos, relativamente no afectados por la actual crisis, que ven este tiempo como un 'bache' y esperan con plena confianza a la inevitable 'mejora', cuando podamos continuar como antes. Esto ya no es posible; el ciego ya no puede liderar al ciego. Ellos no saben de Maitreya.

Maitreya ha escogido este momento para cumplir Su promesa de entrar en el dominio de los hombres y ayudarles en su viaje. Él está emergiendo ahora; Su heraldo, la señal de la estrella de Su emerger, es vista en todo el mundo por muchas personas y es la señal de Su aparición, abierta, ante los hombres. Utilizando los recursos actuales de la televisión, Él se dedicará a una serie de entrevistas comenzando en Norteamérica e incluyendo a Japón y otros muchos países.

Como un hombre normal y corriente, no presentado como Maitreya, Él hablará en nombre de todos aquellos que no tienen voz, ni portavoz. Él apelará a los hombres a compartir los bienes de la Tierra y a abrazarse unos con otros como los hermanos y hermanas que son. Él mostrará que si queremos tener paz sólo hay una forma de lograrla: eso es con la realización de la justicia en todo el mundo, y esa justicia sólo puede alcanzarse a través del compartir. Nosotros aguardamos la respuesta de todos los hombres y mujeres de buena voluntad en éste, nuestro mundo.

8 de Febrero de 2009
SI **Marzo 2009**

La restauración del mundo

Desde casi todos los puntos de vista la situación a la que se enfrentan los hombres en todas partes se hace cada vez más dolorosa a diario. El caos económico resultante de años de codicia desenfrenada y competencia despiadada asola el honesto esfuerzo y aspiración de incontables millones de personas. En general, los hombres de dinero continúan despreocupadamente, sus riquezas intactas, mientras hombres y mujeres en cada país se enfrentan al desempleo, la pobreza y el temor. Lecturas más precisas de los cambios climáticos muestran a los hombres cuán cerca está este planeta de la calamidad irreversible, y las campanas de alarma suenan alto en muchos frentes políticos, elevando a nuevos niveles el factor de estrés.

¿Cuánto más de esta tensión puede soportar la humanidad? ¿Durante cuánto tiempo aceptarán los hombres, ligeramente, su destino? Los hombres desesperados realizan actos desesperados y ya en sus mentes, aunque no sea aún en sus acciones, muchos contemplan la revolución.

Detrás de la escena, Maitreya observa cuidadosamente estos acontecimientos, y proporciona socorro donde la Ley permite. Él espera, pacientemente, el aumento de la respuesta a la señal de Su Emerger, la "luminaria semejante a una estrella de brillante poder" a la cual muchos fijan ahora la mirada con asombro e incluso amor.

Lo que es deseable es alguna medida de debate público sobre la trascendencia o significado de la Estrella, indicando así el emerger de Maitreya, el Instructor del Mundo. Cuanto más amplio y público el debate, en mayor medida prepara el camino a la entrada de Maitreya. Pronto será innegable. Muy pronto, Venus se moverá más allá de la visión de los hombres y así dejará la plataforma de los cielos abierta a la Estrella. Entonces no habrá duda de que la Estrella está allí para que todos la vean.

Si el suficiente debate puede fomentarse en los diversos medios de comunicación e Internet, no pasará mucho tiempo hasta que los hombres vean y oigan hablar a Maitreya. Él no será así nombrado, para que los hombres puedan juzgar Sus ideas en vez de Su status.

Al profundizarse la crisis económica, una reacción singular está apareciendo en muchos países: junto al temor, la bravata y la creciente desesperación existe una nueva comprensión de las razones del crack –la codicia y el espíritu competitivo en el centro de nuestros sistemas y, por tanto, la necesidad de compartir. Por sí mismos, muchos están despertando a esta verdad básica y ven el compartir como la respuesta a la injusticia y la guerra. Así están muchos preparados para la Llamada de Maitreya. Esta realización crecerá mientras la crisis muerde cada vez más profundamente en el inestable tejido de nuestras anticuadas formas y estructuras que ya no funcionan, que no pueden nunca hacerse funcionar durante mucho tiempo.

Cuando Maitreya hable, Él mostrará que esto es así, que el mundo está preparado para la adopción de nuevas y mejores formas, basadas en las verdaderas necesidades de los pueblos de todas partes. Suya es la labor de centrar y fortalecer esta creciente realización de la unión y la unidad de los hombres, de su mutua dependencia y divinidad que despierta. Así Maitreya y la humanidad trabajarán juntos para la restauración de este mundo.

16 de marzo de 2009
***SI* Abril 2009**

La maldición de la comercialización

Si los hombres quieren salvar este planeta de los resultados del calentamiento global, ellos deben hacer infinitamente más que lo planeado para limitar las emisiones de carbono, y en un período más corto de tiempo que lo generalmente aceptado como necesario. Los hombres han sido lentos en reconocer los peligros, e incluso ahora, muchos se niegan a asumir los problemas seriamente. Tales actitudes, sin duda, ponen en peligro el futuro del planeta Tierra. Como máximo, los hombres tienen entre diez y quince años para establecer un equilibrio antes de que tenga lugar un daño irreparable.

Para lograr este objetivo, los hombres deben cambiar drásticamente la actual forma de vida, y abrazar formas más simples de vivir y trabajar. Pasados están los días en los cuales los hombres violentaban y devastaban el planeta a voluntad, sin pensar en las generaciones venideras, ni tampoco viendo ni cuidando debidamente el medio ambiente que se ha deteriorado gradual e inevitablemente.

Cada año, y durante muchos años, enormes áreas de antiguos bosques primarios son talados de árboles dadores de vida sólo para beneficios comerciales. La comercialización realmente es un mal agüero para la humanidad al estrujar aún más los cuellos de los hombres. La comercialización, dice Maitreya, es más peligrosa para los hombres que la bomba atómica, y está mostrando su poder destructivo en el caos económico que reina en el mundo actualmente.

¿Cuánto les llevará a los gobiernos y a sus pueblos ver esto? ¿Cuánto tardará la comercialización en exprimir el aliento vital de la humanidad, y ella misma se marchite y muera?

Cada vez más, la verdad de estas palabras se revela en las mentes de millones de personas que ahora, de repente, carecen de trabajo y vivienda y están desesperadas.

Esto ha producido una situación en la cual Maitreya puede presentarse al trabajo público sin infringir el libre albedrío de la humanidad. Pacientemente Maitreya ha esperado muchos años este momento, seguro en el conocimiento de que los acontecimientos que ahora están teniendo lugar en el mundo realmente sucederían. La comercialización ha enseñado sus garras y mostrado su poder de dañar. La complacencia de millones de personas se está convirtiendo en odio y desconfianza de la comercialización y del viejo orden de las cosas. Los hombres de todas partes están al fin preparados para una nueva interpretación del significado y propósito de la vida, para el compartir, la justicia y la paz; para las correctas relaciones, la fraternidad y una mayor felicidad. Ellos están preparados, al fin, para la llamada de Maitreya.

Por supuesto, no todos los hombres han experimentado este cambio. Existen muchos que imaginan que pueden 'aguantar' esta 'recesión' y recuperar sus fortunas como antes. Los muy ricos y avispados no han perdido nada. La brecha entre ellos y los demás sencillamente ha aumentado a su favor. Ellos no llegan a comprender que este momento no es como ningún otro. Hemos llegado al final del viejo orden. Las fuerzas cósmicas dictan los cambios que deben y tendrán lugar, de otra forma la vida ya no florecerá en el planeta Tierra.

Aquellos que están preparados responderán rápidamente a las Enseñanzas de Maitreya cuando Él ponga en simples y elocuentes palabras sus verdaderas necesidades. A otros le llevará más tiempo renunciar a aquello a lo que se han acostumbrado, y durante un tiempo discreparán. Con el tiempo, millones de personas en todo el mundo verán la necesidad y la lógica de los cambios que sólo salvarán el planeta y sus personas.

17 de Abril de 2009
***SI* Mayo 2009**

La divinidad emergente del hombre

En toda la historia nunca ha habido un momento como el actual. Nunca, en todos los ciclos que han dejado su marca en la evolución del hombre, ha habido el mismo potencial para el cambio. Este momento, por tanto, es único. Augura un cambio de conciencia tan espectacular y de tan gran alcance que nuevas definiciones y vocabulario deben desarrollarse para describir al hombre en lo que se convertirá.

El principal factor en este profundo acontecimiento será la influencia de los Hermanos Mayores del hombre, los Maestros de Sabiduría, liderados por Maitreya, el Cristo e Instructor del Mundo. Es imposible exagerar el efecto que Su Gran Acercamiento tendrá en las vidas y pensamientos y comportamiento de los hombres.

Muchas veces habéis oído que el hombre es un Dios en potencia; éstas no son palabras vacías sino la mismísima verdad de la naturaleza y Ser del hombre. Es sólo una cuestión de tiempo hasta que esa verdad sea verificada y expresada para que todos la vean.

Los Maestros darán de Su abundancia de inofensividad, sabiduría y amor, y guiarán el barco del hombre a resguardo del puerto de logros. Así será. Con el tiempo, los hombres ocuparán sus debidos puestos y trabajarán junto con los Maestros para el beneficio de todos. Así los hombres aprenderán las Leyes de la Vida y el Amor y a modelar un futuro de belleza incomparable.

El segundo gran estímulo del crecimiento hacia delante del hombre vendrá de la lejana Acuario. Ya, mientras nuestro sol entra cada vez más profundamente en el campo de influencia de esa poderosa constelación, un fermento de cambios surge en los corazones y mentes de los hombres.

La cualidad esencial de Acuario es la Síntesis, una cualidad rara vez vista en la vida actual de la Tierra. Sin embargo, con creciente impulso, la cualidad de Síntesis gradualmente reemplazará, en todos los departamentos de la vida, la fragmentación y la desarmonía actuales. Los hombres llegarán a comprender el significado de la Unidad, y a reconocer que son hermanos y hermanas de una familia que viaja junta en un viaje de descubrimiento.

Cuando los hombres miren atrás hacia este momento lo verán como un trampolín hacia la Gracia. La caótica confusión actual no es nada menos. De esta confusión emergerán las nuevas formas que agraciarán a la nueva civilización –nuevas y mejores formas que sustentarán a los hombres en todas partes, y gratificarán los corazones de todos.

El hombre, por sí mismo, está experimentando tales estímulos que bien podría sentirse nervioso por el futuro.

Él ve y comprende poco de los enormes cambios que ya están en marcha y se aferra en vano al pasado. Pronto, este temor y nerviosismo serán reemplazados por el valor y el compromiso al trabajo de transformación. Bajo la orientación de Maitreya y Su Grupo, los hombres colocarán las piedras angulares de la nueva y mejor vida que, de varias formas, todos los hombres sueñan.

24 de Abril de 2009
SI **Junio 2009**

El momento de la revelación

Durante muchos años, las personas de la mayoría de países han seguido, más o menos mansamente, los edictos de sus legisladores, los políticos. Esto ha sido mayoritariamente así tanto si el sistema legislativo era democrático o de otra índole. Esto ahora está comenzando a cambiar. Lejos de una callada aceptación de leyes impopulares, las personas en muchos países ahora se manifiestan y exigen cambio. Con la excepción de aquellos países bajo un firme gobierno militar, las personas, cada vez más, están exigiendo ser escuchadas, de que se aborden sus necesidades, y se corrijan malas leyes. Mientras las beneficiosas energías de Acuario ganan potencia, este creciente poder del pueblo se multiplicará y se convertirá en la voz más poderosa en la Tierra. Tanto es así, incluso ahora, que gobiernos de todas las índoles se ven forzados a tomar en cuenta la reacción de las personas a leyes que conciernen profundamente su bienestar. Se hace cada vez más difícil para los gobiernos gobernar sobre líneas estrictamente partidistas. Gran parte de la acción gubernamental es reservada y oscura, mucho se hace 'detrás de la escena' de lo cual las personas nunca escuchan, pero generalmente, los gobiernos, al menos en el así denominado mundo 'democrático', tienen cuidado de no suscitar la ira o el descontento del pueblo.

Existe un área principal en la cual esto con toda seguridad no es así. Durante más de sesenta años, los gobiernos de todo el mundo han ocultado a las personas la realidad de los 'ovnis' o 'platillos voladores'. Además, han intentado por todos los medios denigrar a los ocupantes de estas naves visitantes como 'alienígenas', destructivos y nocivos para los habitantes de la Tierra. Para mantener a sus poblaciones bajo control, y para evitar el 'pánico', ellos han negado la experiencia de cientos de miles de ciudadanos inteligentes y abiertos de mente. Ellos han creado así un gran mito: "¡Los 'platillos voladores' no existen pero son peligrosos y rapaces con los hombres de la Tierra!" Igualmente, han enseñado a las personas a ridiculizar la noción de que los círculos de las cosechas son un legado del Espacio, no obstante todos los gobiernos tienen pruebas irrefutables de la existencia, creatividad y tecnología superior de estos valientes e inofensivos visitantes de los planetas hermanos de nuestro Sistema. Nuestra profunda ignorancia de los planos sutiles de la materia ha permitido a los principales gobiernos del mundo mantener este engaño tanto tiempo.

Al fin el momento de la revelación ha llegado. Ya no más ocultarán los organismos gubernamentales la verdad a los hombres de la Tierra: su fraternidad con los planetas lejanos de nuestro Sistema Solar. Ya, la "luminaria semejante a una estrella", el Heraldo del emerger de Maitreya, está mostrando a las personas en todo el mundo que durante

14 de Junio de 2009
SI **Julio/Agosto 2009**

La blasfemia de la guerra

Dos veces, el siglo pasado, el mundo fue convulsionado por la guerra total, dos terribles fases de una guerra que costó a la humanidad muchos millones de vidas. Cada una tuvo la intención de ser "la guerra que acabara con la guerra", pero aún existen aquellos que conspiran y planifican aún para otra prueba de fortaleza, con armas de incluso mayor destructividad. ¿Cuánto, deberíamos preguntarnos, le llevará al hombre comprender que la guerra no resuelve nada, no prueba nada y sólo añade dolor y pérdida a los pueblos de la Tierra?

Una importante razón del regreso de los Maestros al mundo cotidiano es, precisamente, para recordar a los hombres de esto, para así influenciar su pensamiento para que se alejen de la guerra para siempre. Tantas naciones actualmente poseen la bomba nuclear, el arma más destructiva jamás concebida y construida, que una gran guerra futura sería el horror final: la completa destrucción de la vida en el planeta Tierra. Durante muchos millones de años la Tierra sería un planeta muerto, un desecho tóxico. Los hombres, por sí mismos, deberían reencarnarse en algún mundo oscuro y lejano, y comenzar de nuevo, el largo, largo viaje hacia la luz.

Podéis estar seguros de que cuando Maitreya, inminentemente, comience Su misión abierta, Él confrontará a los hombres con este problema y su resultado, y ofrecerá Su solución y consejo. La guerra, Él recordará a los hombres, es una blasfemia, una aversión y un crimen contra todos los hombres, estén involucrados o no. La guerra, Él dirá, debe considerarse así si la humanidad y los reinos inferiores deben sobrevivir.

Sólo el compartir y la justicia, Él dirá, asegurarán el futuro para los hombres. Esforzaros por la unidad y la cooperación porque los hombres de la Tierra son Uno. "Ved a vuestros hermanos como a vosotros mismos" y efectuad el primer paso hacia vuestra divinidad. "Tomad la necesidad de vuestros hermanos como la medida de vuestra acción y solucionad los problemas del mundo. No hay otro camino".

Así Maitreya hablará al pueblo de la Tierra. Así Él se esforzará para cambiar la dirección de su pensamiento.

¿Escuchará y actuará el pueblo según Su consejo? El temor y la aprensión llenan las mentes de los hombres: antiguos hábitos de pensamiento tardan en morir y son reacios al cambio.

Cada vez más, sin embargo, los problemas y privaciones que acompañan al colapso económico actual animan a los hombres a buscar nuevas formas de vivir, y vuelven sus pensamientos hacia el compartir, hacia la creación de un mundo más justo y generoso. Así muchos están preparados para responder a las palabras de Maitreya. Muchos, por supuesto, no están preparados para el cambio. Muchos están contentos con la situación actual, esperando una 'mejora' en los mercados a corto plazo, cuando comiencen nuevamente a ganar dinero del aire para sus empresas y para sí mismos.

Muchos, también, en los campos religiosos, acogerán poco la aparición de Maitreya. Privados de conocimiento, aferrándose a sus dogmas creados por el hombre, ellos encontrarán en Maitreya, el Señor del Amor, la abominación del mal que ellos temen. Pero no todos. Muchos grupos religiosos en todo el mundo han visto y oído antes las palabras de Maitreya, aunque con otro aspecto. Ellos recordarán al Instructor que se apareció ante ellos y plantó las semillas del compartir y la justicia en sus mentes mientras dotaba sus tierras con las Aguas de Vida de Acuario.

Finalmente tan grande será la presión por un mundo mejor, más justo y seguro que incluso los más intolerantes añadirán sus voces al clamor por el cambio. Así será.

15 de Julio de 2009
SI **Septiembre 2009**

La luz perenne de la Verdad

Un día de invierno de 1875, Helena Petrovna Blavatsky, una de las fundadoras de la Sociedad Teosófica, realizó un juramento: divulgar con todos los medios en su poder las enseñanzas que había recibido de diversos Maestros de la Logia de los Himalayas de la Jerarquía Espiritual de nuestro planeta. Fiel a su juramento, se puso a trabajar para informar al mundo de estas enseñanzas. Sus libros, La Doctrina Secreta, Isis sin Velo y La Clave de la Teosofía, son testimonio de su infatigable diligencia y voluntad, a pesar de graves dolencias físicas. Estos trabajos fundacionales han informado e inspirado a muchos miles de verdaderos buscadores a lo largo de los años y continúan haciéndolo.

La recepción general de estas preciosas percepciones fue totalmente diferente: rara vez el trabajo y dones de un gran iniciado han sido tan denigrados y ridiculizados, especialmente por parte de las comunidades religiosas y científicas de la época. Incluso ahora, después de más o menos ciento treinta y cinco años, Blavatsky es regularmente tildada de charlatana, médium espiritual y "farsante deshonesta". Tan vehemente y tan mundial fue esta condena que gran parte de esta negatividad aún sigue asociada a su nombre. Y, a la misma Teosofía.

Madame Blavatsky era una iniciada de 4.0 grado, casi un Maestro, de igual nivel que el Discípulo Jesús y cercano al del gran Leonardo da Vinci. ¿Cómo es posible que una Trabajadora Incansable por el Bien tan distinguida pueda ser tan maligna? Jesús mismo es un ejemplo relevante de cómo la ignorancia y el temor pueden dominar la percepción de los hombres. Incluso mientras estaba adumbrado por Maitreya el Cristo, Jesús tuvo que sufrir estos atributos gemelos de hombres irreflexivos.

Actualmente el mundo se enfrenta a muchos problemas y, como era previsible, han surgido cismas en la valoración de estos problemas y en su resolución. Hombres y mujeres en todas partes poseen diferentes cualidades de mente y cerebro, de apertura o lo contrario hacia ideas nuevas y desconocidas. También se encuentran en diferentes puntos en una escalera de evolución y desde cerca del pie de la escalera, el trabajo y percepciones de muchos de aquellos encima de ellos significa poco o nada. Así ha sido siempre.

De ahora en adelante, sin embargo, este antiguo problema será mitigado para el beneficio de todos. La presencia de Maitreya y un creciente número de Su grupo de Maestros traerá a la humanidad un gran agente transformador.

Muchos de los niveles más simples de las Enseñanzas de la Sabiduría Eterna serán revelados al mundo en su conjunto, atrayendo cada vez más al público en general a la Teosofía y sus enseñanzas. Esto ayudará a preparar a grandes cifras a presentarse ante el Iniciador y a entrar conscientemente en la Luz.

De esta manera, muchos hombres y mujeres, aprovechándose de esta nueva situación, prosperarán enormemente en su viaje evolutivo. Cuando Maitreya se presente, este proceso comenzará. Cada vez más, al responder a Él, encontrarán creciendo dentro de ellos un apetito por la verdad, y un anhelo de sabiduría y de luz.

5 de Septiembre de 2009
***SI* Octubre 2009**

Las vidas de los hombres florecerán

Cuando los hombres comprendan más plenamente el alcance del daño infligido a sus vidas por el colapso económico y financiero de años recientes, descubrirán que es imposible retornar, como muchos esperan que suceda, al viejo sistema. Esa economía fue destrozada por la codicia, el egoísmo y la separación, pero fundamentalmente por la acción de las energías del nuevo tiempo. Ya, más de lo que los hombres son conscientes, las energías de Acuario obran su magia en la Tierra. Cada vez más las personas son atraídas juntas en conciencia; las energías de síntesis están llevando a cabo su trabajo benefactor. Ya, muchos están respondiendo de una nueva forma, como liberados de un peso muerto, esperando un mundo simplificado pero más unido.

Cuando Nosotros vemos esto, también nos vemos gratificados y fortalecidos en Nuestra creencia en las cualidades del hombre. Nuestra esperanza por el futuro se renueva cuando vemos a los hombres buscar y responder a lo nuevo. La 'estrella' no ha estado sola en cambiar la atmósfera de la Tierra de la desesperación a la esperanza, pero demuestra ser un poderoso factor en esta transformación. Cada vez más las energías Acuarianas crearán en los hombres el deseo por la unidad y la unicidad, e incluso ahora están sembrando las semillas de la futura transformación.

Maitreya, mientras tanto, espera pacientemente el día en el cual Su rostro pueda ser visto por los hombres. Ese día no está lejos. Ya se están realizando preparativos para Su entrevista inicial, la primera de muchas así. No os sorprendáis si las reacciones a Sus declaraciones son calladas o atenuadas. No dudéis que en futuras apariciones Maitreya hablará alto y claro por el sufrimiento de los pobres del mundo, por el fin de la guerra, por un mundo en el cual la justicia y el compartir envuelvan a los hombres en su gracia benefactora. Mucho, mucho, se espera de Maitreya, pero pocos pueden comprender la enorme amplitud de Su generosidad de espíritu. Las personas llegarán a conocerle y amarle como a un amigo y a un instructor, y responderán de buen grado a Sus palabras. Maitreya evocará de los hombres el amor de sus propios corazones por la justicia, el compartir y la paz, joyas perennes en los corazones de todos los hombres.

Ahora llega el momento de un florecimiento adicional de estos atributos divinos mientras los hombres reconsideran los errores y defectos del pasado. Bajo la orientación de Maitreya y Su Grupo, las vidas de los hombres florecerán como nunca antes; elevando a los hombres de su pasado estado de ignorancia y temor hacia la expresión de una divinidad hasta ahora casi desconocida.

11 de Octubre de 2009
SI **Noviembre 2009**

Los hombres responderán a la Llamada

Desde el comienzo de los tiempos, el hombre se ha formulado a sí mismo la pregunta: ¿por qué estoy aquí, cuál es el significado de la vida? A pesar de las enseñanzas de las diversas religiones y aquellas de hombres santos del pasado, la mayoría de las personas están desconcertadas e inseguras sobre si existe, realmente, algún propósito o significado en lo que denominamos 'vida', y se preguntan igualmente qué experiencia, si alguna, les espera después de la 'muerte'.

En este tiempo venidero, las respuestas a estas preocupaciones y temores albergados durante tanto tiempo se convertirán en el conocimiento común de todos. Esto será en gran medida el resultado de la presencia abierta de Maitreya y Su Grupo de Maestros. Vuestros Hermanos Mayores estimularán tanto la conciencia de los hombres y ejemplificarán tanto la enseñanza que dan que así en un relativamente período corto un enorme despertar tendrá lugar. Desaparecerán, para millones, las dudas y temores del pasado. Los hombres sabrán con seguridad, que ellos están, cada uno, implicado en una gran aventura de descubrimiento que les llevará, a su debido tiempo, a una perfección hasta ahora no soñada. Tal sentido de significado y propósito reemplazará la actual árida y temerosa duda que una era de indecible creatividad y cambio florecerá y prosperará. Así será, y así los hombres despertarán a su destino como ejemplos de lo divino. Todos los hombres son divinos pero no todos saben que esto es verdad. Cada vez más, los hombres realizarán esta verdad y así cambiarán el mundo a su alrededor.

Los Maestros se están preparando para el reconocimiento y trabajo abiertos. Su presencia proporcionará la confianza de que los cambios necesarios en nuestra vida social serán para mejor y han sido largamente necesarios. El objetivo es que los Maestros y los hombres deberían trabajar juntos en cada campo de esfuerzo, y así acelerar los cambios requeridos.

La primera prioridad es que la guerra debe abandonarse para siempre, completamente, totalmente. Esto requiere un grado de confianza aún desconocido en el mundo. Sólo el compartir, se descubrirá, manifestará la necesaria confianza y así creará justicia en todo el mundo. Hasta que la justicia reine, nunca habrá paz verdadera. Paso a paso, los hombres llegarán a ver esta lógica. Llegarán a comprender que no hay alternativa. Si los hombres desean vivir y prosperar deben abandonar la injusticia y la guerra. ¿Pueden los hombres afrontar el desafío? Los hombres se han enfrentado y han superado muchas vicisitudes en su larga estancia en la Tierra. Hoy, liderados por Maitreya y Su Grupo, ellos serán inspirados a actuar para el mejor de sus intereses y a responder a la llamada de justicia y compartir.

Muchas son las voces del pasado que pedirán prudencia y dilación, pero cuando los hombres oigan el sonido de la voz de Maitreya dentro de sus corazones, serán encendidos con un anhelo ardiente de Justicia y Paz, de Compartir y Correctas Relaciones, de Fraternidad y Amor. Así será.

8 de Noviembre de 2009
SI **Diciembre 2009**

Un glorioso proyecto

Cuando la humanidad vea a Maitreya, tanto si lo reconocen como si no, ellos se sentirán obligados a apoyarle o rechazarle y a todo lo que Él defiende: compartir, justicia y paz. Así los hombres serán divididos y conocidos. Así la Espada de la División realizará su tarea destinada, y así Maitreya conocerá la disposición de los hombres para el cambio. Apareciendo ante los hombres como uno de ellos, el Gran Señor se asegura que los hombres le seguirán y apoyarán por la verdad y sensatez de Sus ideas más que por Su status.

No obstante, no importa si ellos le reconocen como Maitreya, como el Cristo, o simplemente como un hombre cuya sabiduría coincide con su propia aspiración por justicia y paz, por un mundo mejor para todos los hombres.

Gradualmente, debemos suponer, muchos comenzarán a ver a Maitreya como El esperado por todos los grupos religiosos bajo sus diversos nombres, y le llamarán así. Algunos dirán: "Él tiene que ser el Mahdi", mientras que otros declamarán: "¡Krishna ha vuelto a venir, la ley se cumple!" Otros preguntarán: "Seguramente él es el Mesías, venido finalmente", mientras que otros aún le verán como el Cristo o Maitreya Buddha. Todos le verán como su Esperado, cumpliendo sus esperanzas y venido para satisfacer sus necesidades.

Maitreya no confirmará ni negará estas reivindicaciones ni tampoco deberían hacerlo aquellos entre Sus trabajadores que creen que le han reconocido. No hasta el Día de la Declaración Maitreya reconocerá Su verdadera identidad y status.

En ese glorioso día los hombres sabrán, más allá de toda duda, que su larga espera no ha sido en vano, que la ayuda, realmente, está disponible, que el Instructor está preparado para ayudar y guiar. Que Él viene como un Hermano Mayor más que como un Salvador, preparado para tomar la iniciativa de salvar nuestro planeta, y para permitir a los hombres mismos restablecer la cordura en sus vidas y formas de vida.

Maitreya mostrará que nuestros problemas son muchos pero solucionables. Que la solución a todo ya está en nuestras manos. Que el simple acto de compartir, por sí mismo, tiene el poder de transformar la vida en la Tierra para mejor. Él pedirá la confianza del hombre, como un Hermano Mayor, de que Él no les conducirá hacia nada más que su sendero destinado de armonía y amor, de que ellos no tienen nada que temer excepto su temor, y de que el camino delante ya tiene el anteproyecto de la Divinidad.

Así Maitreya allanará el camino de los hombres para embarcarse en una transformación inmensa en alcance, que implicará a todos los hombres y mujeres de todas partes, una transformación que lanzará a la humanidad a un proyecto glorioso, la restitución del Planeta Tierra a su sitio legítimo entre sus planetas hermanos de nuestro sistema.

10 de Enero de 2010
SI **Enero/Febrero 2010**

El Despertar

Ahora que Maitreya se ha presentado en la arena abierta del mundo y ha aparecido varias veces en plena visión ante cámaras de televisión, podemos hacer balance de lo que se ha logrado hasta ahora y, hasta cierto modo, interpretar la reacción de aquellos que le han visto y oído. Tened en cuenta que en estas aproximaciones preliminares al público, Maitreya ha sido cauteloso para no ahuyentar a aquellos que Él desea ayudar con un énfasis demasiado grande en el cambio, un programa de renovación demasiado drástico o radical. Aunque crítico con nuestras actuales prácticas en asuntos financieros, que traen dolor y privación a millones de personas, Él elogió a los hombres por sus muchos logros y su buena disposición a aspirar a la creación de un mundo mejor.

La respuesta, hasta ahora, podría clasificarse como contenida pero pensativa, haciendo eco de la calmada seriedad del pensamiento de Maitreya. Uno debe recordar que Maitreya fue presentado como un hombre normal y corriente, uno de nosotros, no como una figura mesiánica de lo alto. Así, las reacciones de los hombres fueron naturales y honestas, un verdadero reflejo de sus temores y esperanzas. Por supuesto, las reacciones variaron según el trasfondo del televidente, pero Maitreya está bien satisfecho con la respuesta hasta ahora.

Desde este punto en adelante, Maitreya 'aumentará' la necesidad de cambio urgente, la necesidad de paz basada en la justicia y el compartir. Él también centrará la atención en la grave situación del planeta Tierra y la responsabilidad de los hombres por sus problemas. Así el Gran Señor orquesta un creciente crescendo de acción para el restablecimiento de nuestro mundo y de la vida.

Entrevistas de este tipo continuarán siendo dadas en todo el mundo, despertando a los hombres en todas partes a su oportunidad de enderezar sus vidas, de crear justicia y paz con el compartir, de verse a sí mismos como Uno, de poner fin para siempre a la competencia y la codicia que durante tanto tiempo han retenido a los hombres de su destinado sendero hacia la divinidad.

Así Maitreya persuadirá a los hombres a salir de su largo sopor y a despertar su deseo de cambio. Así crecerá una gran e informada Opinión Pública Mundial, la mayor fuerza de la Tierra.

Contra esa poderosa fuerza ninguna plataforma reaccionaria podrá resistirse. La humanidad por sí misma, inspirada y vitalizada por Maitreya, reinventará su futuro, y a través de la libertad y la justicia para todos establecerá la Era de Buena Voluntad y Amor Manifiesto.

9 de Febrero de 2010
SI **Marzo 2010**

Maitreya habla

Con cada semana que pasa, las palabras y los pensamientos de Maitreya resuenan en las mentes de millones de personas que no conocen la fuente de estas inspiradoras ideas y esperanzadores conceptos. Muchos reflexionan profundamente sobre su significado y visión y son extrañamente reconfortados. Otros se sienten capacitados y energizados, llenos de fresco valor y resolución. Aún otros se preguntan quién puede ser este hombre, tan sencillo y relajado, no obstante maravillosamente sabio. Muchos son los sentimientos de placer y amor que Sus apariciones han producido.

Por supuesto, no todos encuentran Sus ideas atractivas, o si atractivas, ciertamente utópicas e inalcanzables. Grandes números son cautelosos y están ligeramente inquietos, temerosos de que Él pudiera ser aquel que se les ha enseñado temer más: sencillo y modesto, envuelto en un aura de bondad y amor.

Así los muchos tipos y niveles de los hombres dan a conocer su postura y disposición al cambio.

Mientras tanto, los Maestros preparan a Sus grupos para el momento inmediatamente venidero. Hombres y mujeres de cada país están siendo reunidos y entrenados para las labores que esperan a sus habilidades y servicio altruista. Ellos conocen las necesidades del nuevo mundo y las prioridades de acción. El servicio es la clave. Cuando la llamada de Maitreya y de los hombres de todas partes suene, estos valientes surgirán a miles para afrontar el desafío. Así se iniciará un movimiento que, cobrando impulso, pronto cubrirá, y rehacerá, el mundo.

Las necesidades de cada aspecto, una a una, serán abordadas: la alimentación de millones de personas, hambrientas o casi, a través de la producción y distribución de alimentos; la lenta asfixia de la humanidad por la deforestación; la superación del calentamiento global; el fin del "peligro invisible"; el fin del estancamiento político/económico; la resolución de los sistemas políticos de izquierda versus derecha. Cada una de estas enormes labores requiere soluciones. Cada una es urgente pero las prioridades son que nadie debe pasar hambre en un mundo de abundancia, y que nuestro planeta está muy necesitado de socorro.

Pronto, el impacto de las ideas de Maitreya comenzará a notarse. Ya, muchos, en todo el mundo, responden a Su influencia, directamente o de otro modo. Cada vez más, el impacto de Su pensamiento clarificará el embrollo de intereses que hoy ocupa el 'centro del escenario' del debate público, y las necesidades de cada hombre y familia emergerá como el núcleo central de los problemas de la humanidad.

Incluso ahora, en muchos países, está emergiendo un nuevo sentido de la necesidad de repensar todo, profundamente, y los conceptos de compartir, justicia y equidad están creciendo rápidamente. Al ampliarse el alcance de las apariciones de Maitreya, sólo se puede esperar que estas ideas florezcan y crezcan.

Así la conciencia de los hombres es despertada y se mueve en la dirección de correctas relaciones. Así, simple y calmadamente, el Gran Señor trabaja para purificar y santificar los asuntos de los hombres.

14 de Marzo de 2010
***SI* Abril 2010**

Los hombres se despiertan a Maitreya

Desde ahora, los hombres tomarán más seriamente la idea de que la ayuda está a mano, de que ellos no están solos, no sin ayuda en su aflicción y desamparo. Eventos recientes han vuelto a traer a la humanidad la esperanza de que, en su punto de máxima necesidad, cuando ellos han casi renunciado a la esperanza de socorro, de alguna manera sus plegarias serán respondidas y su dolor paliado. Tan potente ha sido la respuesta a la esencia de las palabras de Maitreya, aunque expresada discreta o indirectamente, que muchos ya se sienten animados y tranquilizados de que todo irá bien, de que el futuro para los hombres será justo y benévolo, incluso mejor de lo que ellos se atrevían a esperar. Muchos ya han comenzado a dudar de que este hombre sea realmente 'uno de nosotros', sino que es alguien enviado desde arriba para responder a su llamada de ayuda, y para aliviar su carga. Muchos, sin duda, encuentran Sus palabras inútiles y obstruccionistas para sus deseos, pero muchos más, de lejos, perciben la sencilla verdad de Sus ideas, y esperan ansiosos su realización. Así, discreta y constantemente Maitreya ayuda a la grave situación de los hombres. Algunos ya le han reconocido y le rezan. Otros están contentos de oír en voz alta las respuestas a sus muchos problemas y esperan la oportunidad de tomar parte en su solución.

Así las sencillas palabras de Maitreya resuenan en todo el mundo. Así ellas despiertan en los hombres la esperanza de la renovación. Cuando suficientes hombres sean así despertados y estén preparados para el cambio, Maitreya incrementará el tempo y energía de Su discurso y galvanizará a millones de personas a pedir acción en su propio nombre.

Los hombres deben comprender que la acción debe provenir de ellos mismos, de otro modo nada nuevo puede suceder. Cuando los hombres comprendan esto ellos actuarán, espontáneamente y con corazones ardiendo de esperanza. Así será, y así los hombres cumplirán su destino y crearán el mejor marco para la nueva era que se abre ante ellos.

Maitreya está sólo al comienzo de Su labor de guiar a los hombres hacia las correctas relaciones; pero Él ya encuentra que Sus palabras animan, y pronto galvanizarán, a millones de personas a actuar y a reclamar su destino no a través de la revolución sino a través de la revelación de su propia divinidad.

11 de Abril de 2010
SI **Mayo 2010**

Fraternidad

Sin duda, éste es un momento de vital importancia para la humanidad. Las decisiones tomadas por los hombres ahora decidirán, en gran medida, todo el futuro de este planeta. Las futuras generaciones se asombrarán de la aparente facilidad con la cual tantos hoy se eximen de responsabilidad por los males del mundo: millones de personas padecen hambruna y mueren de necesidad en un mundo bendecido con un inmenso excedente de alimento; millones más padecen siempre de hambre y de desnutrición. Muchos conocen la verdad de esto y sin embargo no hacen nada. ¿Cómo puede ser? ¿Qué impide su acción? La base de esta inacción es la complacencia, la fuente de todo mal en el mundo. La complacencia tiene sus raíces en el crimen de la separación que divide a los hombres e impide el florecimiento de la Fraternidad.

Los hombres deben pronto comprender esta verdad o perecer. La Fraternidad es tanto una idea como el hecho de nuestra vida planetaria. Sin la realidad de la Fraternidad como la base para toda acción, todo esfuerzo del hombre no fructificará.

Cuando los hombres acepten la Fraternidad como la naturaleza esencial de la vida, cada aspecto de nuestra vida cotidiana cambiará para mejor. Toda manifestación de la Fraternidad disolverá las barreras que se forman entre los hombres, y que conducen al malentendido y la desconfianza. La Fraternidad sacia el dolor de pérdida e infortunio. Es un don precioso que debe cultivarse y nutrirse. Valiosa Fraternidad, es la clave que da entrada a las cámaras refinadas del corazón. Nosotros, vuestros Hermanos Mayores, valoramos la Fraternidad como Nuestra naturaleza más elevada, y nos esforzamos por mantener y fortalecer su realidad. Cuando los hombres, también, perciban la verdad benefactora de la Fraternidad, ellos comprenderán la belleza que su naturaleza exhibe, y percibirán algo de la belleza de la divinidad misma. La Fraternidad es divina como los hombres son divinos. No puede ser de otra forma.

Los hombres están a punto de experimentar una profunda verdad, una conciencia despierta de su Ser esencial. Para la mayoría, vendrá como una experiencia de renacimiento hacia un estado hace mucho perdido en el pasado distante. Cada uno, a su manera, se sentirá redimido, renovado, limpio y purificado. La alegría y belleza de la Fraternidad deleitará todo su Ser, y cada uno se verá a sí mismo como una parte de esa belleza y amor.

12 de Mayo de 2010
SI **Junio 2010**

La búsqueda de la paz

Sin duda, el logro más importante de la humanidad sería el fin de la guerra. Logrado esto, las energías de los hombres se liberarían para abordar los muchos otros apremiantes problemas que les acosan actualmente: las millones de personas que padecen hambruna innecesariamente en un mundo de abundancia; el precario desequilibrio ecológico del planeta; la siempre creciente brecha entre las naciones ricas desarrolladas y las pobres en desarrollo; la creciente incidencia y temor del terrorismo, cada vez más sofisticado; la privación y temor engendrados por el colapso económico en todo el mundo.

Algunos gobiernos intentan afrontar algunos de estos difíciles problemas mientras que otros aún son los culpables e instigadores de ellos. ¿Qué puede hacer la humanidad? ¿Cómo empezar cuando cada problema brota de otro, y todos parecen intratables?

Desde Nuestro punto de vista, estos problemas son reales y apremiantes, y surgen de una sola condición: el separatismo que descansa como un pesado yugo en los hombros de la humanidad, e impide toda acción al unísono. La ideología en vez de la razón aún guía las mentes y las acciones de los gobiernos cuyas decisiones afectan a las vidas de todos. Ellos buscan amigos y aliados para apoyar sus posturas, y así se construyen los bloques de poder que luchan por la supremacía en las mentes y corazones de los hombres.

Hoy, este problema se acentúa por la reapertura de la división religiosa entre el Cristianismo y el Islam. En un mundo crecientemente laico, los seguidores fundamentalistas de ambas religiones son cada vez más belicosos, elevando la temperatura de la confrontación a cotas cada vez más peligrosas. Especialmente, el terrorismo islámico, en completa contradicción con la enseñanza del Profeta, ha introducido una nueva dimensión a la lucha por un mundo pacífico. ¿Cómo puede invertirse este proceso? Sólo existe una forma de lidiar con estos problemas, una que nunca se ha intentado, pero que, de un plumazo, aliviaría la suerte de incontables millones de personas y traería, por fin, una paz verdadera y duradera a un mundo en agonía.

Los hombres deben comprender que no están separados, nunca lo estuvieron y nunca lo estarán que forman parte de un todo divino e inmaculado que nos envuelve a todos, al cual, a nuestra propia manera, le damos el nombre de Dios. Los hombres deben comprender que Dios es paz, es justicia, compartir y confianza, y que su temor es también el temor de sus hermanos. La labor de Maitreya es mostrar a los hombres esta verdad, y recordarles que en el fondo de su anhelo yace la paz que todos ellos desean, esperando ser manifestada.

13 de Junio de 2010
SI **Julio/Agosto 2010**

Una nueva luz en la humanidad

Ya, las Fuerzas de la Luz están ganando terreno, realizando progresos, ganando corazones y mentes. Incluso ahora, es posible predecir un certero y seguro desenlace a la lucha que se ha estado librando, aunque desconocida para la mayoría de hombres, por el futuro del planeta Tierra y sus habitantes.

Durante incontables eras, esa lucha se ha librado en todos los planos, en todas las condiciones y situaciones, y constituye el tejido mismo de la historia del mundo. Al fin, finalmente, una nueva luz puede observarse en el aura de la raza de los hombres, una que augura bien para el futuro de la raza. ¿De dónde surge esta nueva luz? Es, por supuesto, el resultado de muchos acontecimientos y bendiciones, pero sobre todo, es la señal de que los hombres están empezando a verse en una nueva luz, comenzando a percibirse como al menos potencialmente divinos, ciertamente más dignos y meritorios de lo que habían pensado, y capaces de crear un mundo del que puedan enorgullecerse.

A pesar del dolor y del sufrimiento tan generalizados actualmente, muchos están percibiendo una nueva confianza en ellos mismos y en el futuro, una nueva esperanza de que los males presentes son transitorios, y que un tiempo mejor está cercano.

Viendo esta nueva luz dentro de la humanidad, Maitreya sabe que los hombres están despertando a Sus esfuerzos y energías, que las nuevas potencias de Acuario están cumpliendo su promesa, y están aglutinando a los hombres en una unidad percibida de propósito y orgullo.

De ahora en adelante, este sentido de la unidad emergente, y la fortaleza que engendra, se manifestará cada vez más, y conducirá a la acción organizada de muchos para mejorar su suerte, para cambiar las condiciones que denigran a los hombres y les dejan indefensos. De esta forma, un cambio sustancial en las condiciones del mundo tendrá lugar en un período de tiempo relativamente corto. Los hombres están llegando al fondo de su infortunio autoinducido.

La destructividad y la guerra, la complacencia, el egoísmo y la codicia, han desempeñado todos un papel en la creación de estas dolorosas condiciones. El despertar, la nueva luz, es una señal de que los hombres están empezando a comprender la Gran Ley: sólo la inofensividad lleva a los hombres a una correcta relación con la Ley de Causa y Efecto, la Ley fundamental de nuestras vidas. Éste es un axioma espiritual pero uno que la raza humana ha encontrado difícil de comprender o aceptar. Tal comprensión y aceptación cambiaría para siempre, y de un plumazo, gran parte del innecesario dolor y sufrimiento en nuestro mundo.

Las Energías Acuarianas, aumentando en potencia con cada día que pasa, harán más fácil para los hombres ver la necesidad de la inofensividad. Estas fuerzas benignas trabajan hacia la fusión y la síntesis y así atenúan el deseo de la competencia y del individualismo marcado. Las señales están empezando a mostrar que el hombre está en su camino.

11 de Julio de 2010
SI **Septiembre 2010**

La Tierra transformada

De aquí a unos veinte años, cualquier visitante a la Tierra se asombraría de la transformación que encontraría en todos los aspectos de nuestras vidas. Lo mejor del pasado habrá sido preservado pero una nueva y vigorosa belleza prevalecerá en todas partes, y una nueva relación habrá sido establecida entre las personas y el medio ambiente en el cual ellas viven. Habrán desaparecido para siempre los barrios bajos y de chabolas en los cuales millones de personas actualmente ganan lo justo para 'vivir'. Un nuevo orgullo en el 'Hombre' generará una preocupación equivalente por el tiempo libre y actividades sociales de los hombres, y conducirá gradualmente a una nueva comprensión de las necesidades esenciales del hombre. Nueva tecnología liberará a incontables millones de personas del fatigoso trabajo repetitivo; la demanda de conocimiento en cada campo abrirá ampliamente las puertas de las universidades, fábricas y granjas por igual, y un nuevo entusiasmo por aprender se manifestará en todo el mundo. Así los hombres comprenderán mejor los propósitos subyacentes de nuestras experiencias encarnatorias y así crecerá el necesario control de nuestro equipamiento físico, astral y mental. Esto conducirá a los hombres a las puertas de la Iniciación y así al perfeccionamiento.

Así los hombres regresarán de nuevo al ancestral Sendero de la Perfección y, libres de los espejismos y errores del pasado, hollarán una vez más el camino del sacrificio, de la renunciación de todo lo que dificulta la comprensión y luz superiores. El hombre se ha extraviado mucho de este simple sendero, distraído por un desmedido materialismo que le ha seducido hasta el mismo borde del desastre. Pero, como los hombres descubrirán, su eterna divinidad, una vez más, se ha aseverado a sí misma y ha apartado al hombre del borde.

Un creciente número de personas, en todas partes, están comenzando a percibir esto como cierto, y a despertarse a la labor de transformación. De esta forma, ellos descubrirán su propio sentido de la responsabilidad realzado, y responderán acordemente. Así se encuentran a los trabajadores del futuro y así también el mundo cambia para mejor.

Discretamente aún, pero constantemente, trabaja Maitreya para potenciar este proceso. Sus energías benefactoras actúan como levadura para elevar la aspiración y fortalecer la resolución de todos aquellos que puedan responder. Estos son muchos, y así se construye un gran ejército de trabajadores en la luz, la luz que transformará el mundo y asegurará el futuro para todos los hombres.

13 de Septiembre de 2010
SI **Octubre 2010**

El triunfo definitivo del hombre

La vida futura para la humanidad probará ser no sólo más justa y menos estresante, sino infinitamente más interesante de lo que es ahora para muchos millones de personas. El trabajo de reconstrucción es tan vasto que, sólo en esa área, los poderes creativos de muchos encontrarán estímulo infinito. Más adelante, cuando la enseñanza preliminar de una naturaleza más esotérica se considere deseable, se abrirán totalmente las compuertas y una extraordinaria contenida sed de conocimiento se manifestará en todo el mundo. Los hombres se asombrarán de lo que hay por conocer, y actuarán con afán para saciar su sed. Un enorme programa educativo proporcionará el conocimiento y comprensión requeridos. La realidad de la Iniciación como un principal factor en el viaje evolutivo inspirará a miles de personas a asumir responsabilidad de su propia evolución, y así llevar a cabo el necesario refinamiento de sus vehículos. Con algunos de los Maestros trabajando abiertamente, un extraordinario estímulo será dado a este trabajo y mucho se logrará en un tiempo relativamente muy corto. Cerca de cinco millones de personas ya se encuentran en el umbral de la primera iniciación. Su cifra se incrementará en muchos miles en poco tiempo.

Así los Misterios del proceso Iniciático inspirarán y galvanizarán a la humanidad para poner sus pies sólidamente en el Sendero de la Liberación.

Tal visión, en este momento, podría parecer muy lejana de la realidad, incluso algo ingenua, pero la presencia exterior de Maitreya y Su grupo de Maestros tendrá un impacto asombroso en las mentes y corazones de literalmente millones de personas en cada país. Estos están ahora preparados, sus aspiraciones elevadas y puras, para la creación de un nuevo mundo, y para una visión totalmente nueva de lo que significa estar vivo en el planeta Tierra. Muchos de ellos, quizás la mayoría, son jóvenes y sin contaminar por el cinismo y codicia desmedida de sus mayores. Así ellos ven claramente las respuestas a los problemas que confunden a sus padres, ciegos como están por los errores y espejismos del pasado. Estos jóvenes reharán este mundo para sus padres. Se han reencarnado para este propósito y responderán a la Llamada de Maitreya. Ellos vienen, también, muchos de ellos, entrenados y preparados para las labores que les aguardan y que, impávidos, de buena gana realizarán.

No temáis, el mundo está a salvo en estas jóvenes manos. Ellos aguardan, impacientes, la oportunidad de servir y salvar. Muchos, ahora ven claramente los errores y debilidades de los hombres; pocos, realmente, pueden ver la Divinidad que nos da a Nosotros, vuestros Hermanos Mayores, el conocimiento seguro del triunfo definitivo del hombre.

11 de Octubre de 2010
SI **Noviembre 2010**

Las necesidades de los hombres

Cuando los hombres evalúen su situación actual sólo pueden llegar a una conclusión: los métodos incluso del pasado reciente ya no funcionan. Por todas partes, pero especialmente en el sector financiero y económico, existe un continuo y creciente caos. 'Expertos' son convocados para ayudar a los titubeantes gobiernos a recobrar algo de control pero es en vano; los viejos y ya probados métodos se niegan a obedecer las voluntades de sus ministros, por muy experimentados que pudieran ser.

¿Qué deberían ellos, los gobiernos del mundo, hacer? ¿Qué pueden hacer? Ellos pueden continuar durante un tiempo manipulando las viejas estructuras, esperando que las cosas se 'calmen', y los viejos patrones sobrevivan. Esta es, realmente, una esperanza vana. Hablando en términos generales, los gobiernos de la mayoría de países ven su papel como protectores y defensores del 'status quo', esa falsa idea de que la vida es estática y, por tanto, todo cambio es subversivo e indeseable.

Esta actitud es cierta en la mayoría de gobiernos, tanto de 'derechas' como de 'izquierdas', capitalistas o socialistas. En ambos casos no logran reconocer los anhelos de sus pueblos por el cambio, por un nuevo concepto de vivir, uno que asegure su capacidad de criar a sus familias en paz, seguridad y bienestar. El fracaso de los gobiernos es precisamente su incapacidad de ver que su verdadero papel es velar por el bienestar de su pueblo. Perdidos como lo están en la competencia y el seguimiento de las 'fuerzas del mercado', han perdido el contacto, en gran medida, con las necesidades de aquellos a los que afirman representar. Los espejismos de poder y autoridad superan, generalmente, su deseo de servir.

Divorciados de las necesidades reales del pueblo, recurren a la ideología y la teoría. Incluso así, no se les puede culpar totalmente. No conocen nada de las fuerzas que intentan contener. Ignorantes como lo son, caen presa fácil de las fuerzas destructivas del pasado.

Las personas, mientras tanto, sufren y esperan y rezan, inconscientes, en su mayoría, de que la ayuda por la cual rezan está incluso ahora entre ellos, lista y ávida por socorrer su sufrimiento y aliviar su fortuna. Las personas conocen la verdadera naturaleza de sus necesidades pero requieren un fuerte e intrépido representante para hacer oír su voz. Ya presente, ese representante, Maitreya, está trabajando discretamente para influenciar la dirección que tomarán los acontecimientos. Pronto, esa voz resonará más alto, y muchos estarán preparados para responder. Así el Plan llevará a cabo su propósito benefactor para asegurar el futuro de todos los hombres.

13 de Noviembre de 2010
SI **Diciembre 2010**

La Fraternidad esencial del Hombre

Durante incontables edades, el hombre ha deambulado por la Tierra en busca de sustento, ganancias, seguridad y paz. Como tribus e incluso naciones, él ha entrecruzado el planeta una y otra vez, luchando contra e interrelacionándose con una larga sucesión de pueblos dispares. El resultado de esta interminable travesía es la humanidad Una actual. No importan las diferencias de color, religión, tradición y lenguaje, todos los hombres son descendientes de ancestros comunes y han evolucionado por los mismos medios hasta su estado actual. Que este estado actual favorezca indudablemente a algunos grupos sobre otros es el resultado de muchos factores históricos, y no de ninguna diferencia innata de inteligencia o adaptabilidad. A lo largo de la historia, grupos han sobresalido durante un período más largo o corto, sólo para volverse a hundir en la oscuridad, dejando su creatividad como recordatorio de su presencia para las generaciones posteriores.

Siendo todo esto verdad, es esencial para la humanidad moderna verse a sí misma como Una, y las diferencias en apariencia como resultado de las relativamente recientes condiciones climáticas, junto con las diferentes influencias de rayos que se han manifestado regularmente a través de los emergentes tipos raciales. La humanidad aún está evolucionando en conciencia, juntos, como Una.

Avanzando juntos, cada raza y subraza añade alguna nueva cualidad a la totalidad. El proceso de repetidas encarnaciones asegura que, gradualmente, cada individuo hereda el nuevo conocimiento y conciencia despierta de la época. Si los hombres comprendieran verdaderamente la complejidad y belleza de este proceso, se acabarían para siempre la aversión y la desconfianza, el 'racismo' actual. Los hombres comprenderían que, de hecho, son hermanos; viajando juntos en un viaje aparentemente interminable de autodescubrimiento.

Cuando Nosotros, vuestros Hermanos Mayores, trabajemos más abiertamente, descubriréis que esta verdad es central en Nuestra comprensión de la naturaleza y relación del hombre. La familia humana es la base nutritiva de nuestras vidas. En ella aprendemos a cooperar y así crear juntos, modelando el rico tapiz de nuestra identidad compartida. ¿Cómo pueden los hombres, entonces, llegar a esta comprensión esencial? Nosotros, la Fraternidad, demostraremos esta relación en todo lo que hagamos, y los hombres llegarán a verse a sí mismo así, como hermanos todos. El compartir llevará a los hombres a este paso feliz y les glorificará en su nueva demostración de la verdad. Así será.

Entonces los hombres conquistarán las alturas del logro, compartiendo su conocimiento y experiencia. Desaparecerán para siempre las falsas barreras que los hombres han erguido para mantener a distancia a sus hermanos, realizándoles al fin como ellos mismos.

17 de enero de 2011
SI **Enero/Febrero 2011**

La voz del pueblo es escuchada

Durante dieciocho días trascendentales, recientemente, la atención del mundo se fijó en una plaza en una antigua ciudad. En sus miles y decenas de miles, el pueblo de El Cairo, jóvenes y mayores y muy jóvenes, caminaron valientemente a través de los tanques y cañones de agua, y aprendieron rápidamente el arte de respirar en medio de un ataque con gas lacrimógeno. El pueblo de El Cairo, en pacífica fraternidad, tomó y mantuvo su Plaza, añadiendo el nombre Tahrir a las glorias del pasado ilustre de Egipto.

Durante dieciocho días, desafiaron a la policía y a los agentes del antiguo y corrupto régimen, pidiendo con una voz pacífica y confiada el cambio, justicia y trabajo, libertad y el imperio de la ley. Los musulmanes entre ellos rezaron en los momentos señalados mientras que otros hacían guardia, protegiéndoles de un ataque. La fraternidad floreció y una extraordinaria potencia espiritual era tangible en la Plaza y en toda la ciudad.

¿De dónde surgió esto? Cada día, durante dieciocho días, Maitreya pasó muchas horas en El Cairo, principalmente en la Plaza. Con muchos disfraces diferentes, Él trabajó entre la gente, consolando a los heridos y a los muchos mártires que dieron sus vidas por la libertad y la justicia. El Gran Señor les alentó, guio y bendijo por su ardor y moderación, y un profundo sentido de amor y unidad llenaron los corazones y las mentes de todas las personas. Los periodistas extranjeros estaban sorprendidos de la alegría expresada tan abiertamente por los ciudadanos, jóvenes y mayores, ricos y pobres, débiles y fuertes. Bañados en las energías y amor de Maitreya, renacieron de nuevo.

Los déspotas y 'hombres fuertes' cercanos observaron estas escenas diarias en televisión con horror e incredulidad, esperando una clara y firme respuesta del viejo régimen para poner fin a esta locura. Esta locura fue la voz del nuevo tiempo, el tiempo de la justicia y el compartir, la libertad y el amor.

Es la voz del pueblo, y el pueblo se ha despertado a su unidad y poder. Para los viejos déspotas, la escritura está en la pared.

13 de febrero del 2011
SI **Marzo 2011**

La responsabilidad del hombre

Desde los tiempos más remotos, la humanidad ha temido las perturbaciones naturales de nuestro hogar planetario. Cataclismos de ferocidad inimaginable han destruido enormes áreas de la superficie de la Tierra una y otra vez. Este hecho es difícil de aceptar para muchos y suscita, siempre, graves dudas en las mentes de muchas personas religiosas sobre la veracidad del amor de Dios por la humanidad. ¿Cómo podemos creer en un Dios amoroso que permite que mueran miles de personas en terremotos, tsunamis y demás? Si la humanidad comprendiera su propia involucración en tal destrucción planetaria, podrían desempeñar un papel significativo en evitar tales sucesos.

La corteza de la Tierra, como ha evolucionado a lo largo de las eras, no es indivisa ni está homogéneamente extendida alrededor del mundo. Como es bien sabido, toma la forma de diversas placas a distintas profundidades, que se superponen y están en un relativo movimiento constante. Los países y ciudades que yacen o están cerca de los bordes de las placas, o fallas geológicas, están por consiguiente sujetos a terremotos y, si están cerca de regiones oceánicas, a tsunamis. No es una cuestión de que el amor de Dios falla a la humanidad sino de presión sísmica que debe liberarse. ¿Qué, podríamos preguntarnos, hace que la presión sísmica crezca hasta tal punto destructivo?

Los Devas elementales (o fuerzas Angélicas) supervisan el mecanismo por el cual estas energías colosales actúan o son modificadas. La Tierra es un Ente vivo y responde al impacto de estas fuerzas de diversas formas. Una gran fuente de impacto proviene directamente de la humanidad. Al crear la humanidad, en su forma competitiva habitual, tensión a través de guerras, y crisis políticas y económicas, es decir, cuando estamos desequilibrados, también las vidas dévicas se desequilibran. El resultado inevitable son terremotos, erupciones volcánicas y tsunamis. Nosotros somos responsables.

¿Cómo entonces poner fin a este ciclo de destrucción? La humanidad tiene los medios pero hasta ahora carece de la voluntad para cambiar. Debemos vernos a nosotros mismos como Uno, cada hombre y mujer un reflejo de lo Divino, hermanos y hermanas, hijos e hijas del Padre Uno. Debemos desterrar la guerra para siempre de esta Tierra; debemos compartir los recursos de este planeta que pertenecen a todos. Debemos aprender a vivir en armonía con el planeta mismo para conocer un futuro de armonía entre nosotros. Maitreya ha venido a mostrar a los hombres el camino, y para galvanizar las acciones del hombre. En todo el globo, los hombres están encontrando su voz y pidiendo justicia y libertad. Muchos han muerto para reclamar su derecho, otorgado por Dios, de libertad y justicia. Su llamada es para todos los hombres y mujeres de todas partes para verse a sí mismos como Él les ve, como Divinos, Hijos e Hijas de la Divinidad Misma.

13 de marzo de 2011
SI **Abril 2011**

Las formas del Nuevo Tiempo

Sucesos recientes en Oriente Medio han llevado a la humanidad a enfrentarse cara a cara con varios problemas. Las potencias occidentales se han visto enredadas, principalmente en contra de su voluntad, en una guerra civil libia que no reconocieron como tal. Su principal preocupación era salvaguardar un flujo ininterrumpido de petróleo, cercano, en Libia. También querían ayudar al pueblo de Bengasi que se enfrentaba a una matanza por las fuerzas de un envejecido y quijotesco tirano, que había observado horrorizado el aparentemente exitoso derrocamiento por su propio pueblo de un poderoso tirano vecino.

Poco sabían las potencias occidentales que las pacíficas protestas del pueblo egipcio habían desembocado en Libia en una revolución armada sin la planificación, liderazgo y armas para asegurar el éxito.

Naciones Unidas aprobó un mandato para una zona de exclusión aérea pero debía haberla completado con una fuerza de pacificación de la ONU, deseablemente constituida por países árabes. La incapacidad de hacerlo ha precipitado la difícil situación actual para todos los involucrados.

Bajo el impacto de las poderosas energías ahora enfocadas por Maitreya y Su grupo, los pueblos de Oriente Medio están experimentando un gran despertar, y están exigiendo nuevas libertades y participación en la gestión de sus vidas. Tampoco están estas demandas confinadas a Oriente Medio. Cada vez más, las mismas demandas de participación y justicia están siendo oídas en todo el mundo. Los jóvenes en particular están percibiendo la necesidad de un nuevo tipo de mundo, uno que les permita desarrollarse y expresarse, libres de los viejos dogmas de sus mayores. Lo que estamos presenciando es nada más y nada menos que un renacimiento de los jóvenes de la Tierra, liberándose de la tiranía del odio y la guerra, la intolerancia y la separación. Nada puede durante mucho detener su progreso. Éste es el Nuevo Tiempo y los jóvenes están examinándose en la lucha por una nueva vida.

El viejo orden está profundamente arraigado y es difícil de superar. Los viejos tiranos en cada esfera de la vida son reacios a renunciar a su poder y riqueza, y luchan duramente contra la marea de cambio, pero luchan contra las energías y la voluntad de la Divinidad Misma, y deberán ceder a su debido tiempo. Un poder más grande del de todos los poderosos de esta Tierra reclama expresarse y nada puede impedir su manifestación. Es el camino del futuro, planificado desde el comienzo del mundo.

Nada puede detener su progreso y los jóvenes son sus heraldos. Escuchad atentamente a los jóvenes, ellos guardan el futuro de forma segura en sus corazones. No por nada fueron los jóvenes de la Plaza Tahrir los que se sentaron a los pies de Maitreya mientras Él les enseñaba las formas del futuro, las formas del Nuevo Tiempo, el Tiempo de la Paz, la Justicia y el Compartir, de la Libertad y el Amor.

11 de Abril del 2011
SI **Mayo 2011**

El sendero del futuro

Dentro de muy pocos años, el actual período de estrés y dificultad se apaciguará mucho. Detrás de la escena, mucho está cambiando. Muchas de las fuerzas que han provocado el conflicto y la lucha actual se están debilitando, y están siendo reemplazadas por fuerzas del todo más favorables para los hombres. Tantas energías diferentes, y dirección de estas energías, están simultáneamente involucradas en el momento actual que es difícil dilucidar con precisión cuándo empezará este cambio, pero no debería ser mucho más de unos dos años antes de que las primeras señales claras del cambio sean discernibles. Entonces le seguirá un período de cambio que pocos concebirían posible en un período tan corto de tiempo: la actual ola de demandas de libertad e involucración en su propio destino que se han manifestado con tanta firmeza por los pueblos de Oriente Medio se extenderán por todo el mundo e involucrarán país tras país, grande y pequeño. Así la Voz del Pueblo se hará cada vez más poderosa y más elocuente. Cada vez más, hombres y mujeres de todas partes comenzarán a comprender claramente sus necesidades y su fortaleza invencible para exigir su derecho de nacimiento.

Inevitablemente, algunos países encontrarán los cambios más fáciles de lograr que otros. Algunos encontrarán que los grupos que, durante siglos, blandieron el poder y construyeron sus ciudadelas de riqueza serán reacios a renunciar a esa supremacía, pero las fuerzas del cambio se harán tan insistentes e imparables que ellos, también, tendrán que alterar su dirección y ajustarse a las demandas de su pueblo.

Así una nueva sociedad evolucionará con extraordinaria velocidad, una que preserva como sagrado el derecho de todos los pueblos a la autodeterminación, el derecho democrático a involucrarse en su sociedad y su futuro; su derecho a un estándar de vida, asistencia sanitaria y educación adecuados. Sobre todo, los hombres reclamarán el derecho a vivir en paz.

Maitreya sustentará a los hombres en sus demandas por justicia y libertad y magnetizará cada esfuerzo suyo. Como hizo en El Cairo, Él estará con todo aquel que realice sus demandas en paz, respetando a todos los grupos y a todas las religiones, sin rencor ni competencia. Así los hombres entenderán el sendero del futuro, el único sendero que garantizará ese futuro, un futuro compartido por todos, sin división.

8 de mayo de 2011
SI **Junio 2011**

El sendero a la Unidad

Cuando la historia de este momento único se escriba, los hombres comprenderán, quizás por primera vez, cuán importante, cuán central, han sido los recientes acontecimientos en Oriente Medio. En unos sorprendentes seis meses, siguiendo el ejemplo de los pueblos de Túnez y Egipto, los habitantes de muchos de los países de Oriente Medio, sometidos, y recluidos en centenarios regímenes tribales dictatoriales, se han levantado y exigido su derecho a la libertad y la democracia, la justicia social y el trabajo. Lo que los medios de comunicación denominan 'la Primavera Árabe' está costando muchas vidas y mucho sufrimiento para estas valientes personas que dispuestamente mueren por la libertad de sus hermanos e hijos. Se les denomina, y lo son realmente, mártires.

De ahora en adelante, este mismo fenómeno se manifestará por todo el mundo. Ya, muchos pueblos se están organizando de igual forma. Un anteproyecto para el cambio ha captado la imaginación de muchos millones y pronto centrará la atención del mundo. Los hombres han comprendido que, cuando están organizados y son valientes, son invencibles. Nada puede detener este movimiento para el cambio. Encarna los conceptos del futuro y del Plan. Maitreya le ha dado voz, que es ahora la voz de los pueblos del mundo.

El viejo orden busca de todas las maneras detener el progreso de este movimiento para el cambio, pero no puede resistirse para siempre a los principios de la vida: siempre cambiante, siempre rehaciendo su forma para expresar mejor la naturaleza de esa vida. Así es ahora, y así lo viejo se marchitará y los nuevos brotes florecerán, mientras los hombres buscan expresar y manifestar mejor los principios del Nuevo Tiempo: compartir, justicia, correctas relaciones, amor y unidad.

El hombre, verdaderamente, está en su camino. Nada puede detener su progreso hacia delante si él piensa en términos de Unidad. Todos los hombres buscan Unidad pero están confundidos por los diferentes senderos. Mantened siempre ante vosotros los principios de la Unidad y el Amor, y el camino se revela.

Así habló Maitreya en el Cairo, en la Plaza Tahrir. Los mejores de aquellos que le escucharon liderarán a sus hermanos y hermanas y les mostrarán el camino, el sencillo camino hacia la Fraternidad y la Paz, la Justicia y el Amor manifiesto.

11 de Junio de 2011
SI **Julio/Agosto 2011**

Cambio hacia la Unidad

Cuando los hombres finalmente hagan balance de su actual situación deberán con seguridad admitir que no todo está bien para la humanidad. Las condiciones políticas, económicas, sociales, medioambientales están llenas de problemas que ponen a prueba hasta el límite los recursos de todos los países. Incluso aquellos países que parecen ser económicamente dominantes en la actualidad tienen problemas que les privan de la comodidad que implica su riqueza. ¿Qué impide a las naciones lograr un grado de equilibrio y bienestar? ¿Por qué incluso naciones antiguas, ricas y experimentadas se hunden repentinamente en el caos y el conflicto? ¿Por qué el dolor y la lucha para tantos; qué impide un mayor sentido, y expresión, de la unidad?

Las respuestas a estas preguntas son muchas y variadas, pero el factor inclusivo individual es el tiempo, el momento en la historia de esta Tierra, en el cual se formulan.

Este tiempo es como ningún otro en la historia del mundo. Los cambios que están teniendo lugar son transcendentales, más allá de la comprensión humana, y alterarán la vida, como la conocemos, profundamente y para siempre.

En cada plano estos cambios están teniendo lugar, algunos lentamente, incluso en el mismísimo entramado de la corteza de la Tierra; otros en un creciente impulso que desafía la capacidad de los hombres de una respuesta correcta.

Inútiles, en este contexto, son las marchitas ideas de políticos retrógrados, maceradas en los espejismos de la posición y el poder. Hoy, es el pueblo el que está por delante de sus líderes, y están expresando en voz alta su comprensión y necesidades. País tras país, la voz del pueblo está volviéndose cada vez más enfocada y decidida. Millones de personas están ahora educadas y seguras de sus necesidades: paz, trabajo y esperanza para su futuro. Una creciente sensación de unidad, también, está empezando a informar a sus expectativas y demandas. Ellos saben que no están solos en el mundo sino que hay millones de hermanos y hermanas en todas partes, con los mismos problemas y necesidades.

De esta forma, incluso sin ser conscientes de Su presencia y enseñanzas, están respondiendo a la energía e influencia de Maitreya, y construyendo el marco del futuro.

14 de Agosto del 2011
SI **Septiembre 2011**

Creando la Espada de la División

De vez en cuando, aparece entre los hombres una figura que encarna lo mejor, o lo peor, que los hombres pueden demostrar. Estos individuos se convierten en los más queridos o los más odiados de los hombres. En cualquiera de los casos, normalmente atraen hacia ellos muchos seguidores o devotos. Tales figuras poseen un enorme atractivo magnético para la mayoría de los hombres o, en ocasiones, son un ejemplo inspirador de poder destructivo a gran escala. Los libros de historia están llenos de ejemplos de ambos tipos.

Hoy, en gran número, muchos ejemplos de ambos tipos se están manifestando en todo el mundo. El efecto de esta manifestación es colocar ante la humanidad dos líneas opuestas de acción, y así crear la tensión de elección que determinará el futuro de la raza. En términos bíblicos ésta es la 'Espada de la División'. Durante muchos años las energías que emanan, y son dirigidas por Maitreya han buscado crear tal confrontación de opuestos. Esto podría resultar realmente extraño para muchas personas pero es esencial que la humanidad realice las correctas elecciones para su futuro. De otro modo el futuro sería realmente desolador.

La Espada de la División es la energía que llamamos Amor: blandida por Maitreya enfrenta "hermano contra hermano" y pone a prueba la verdadera conciencia divina de los hombres en todas partes. El objetivo final de toda evolución es establecer en la Tierra el 'Reino de Dios', y la Espada de la División el camino a los hombres.

La enseñanza de Maitreya es sencilla. Uno podría pensar que Sus prioridades serían obvias para todos los hombres;

desgraciadamente este no es el caso. Maitreya presenta un futuro de tranquilidad y esfuerzo pacífico como el resultado inevitable del compartir y la justicia para todos, la creación de un mundo "donde nadie carezca de nada, donde cada día sea diferente, donde la Alegría de la Fraternidad se manifieste a través de todos los hombres". ¿Cómo es posible, podríais pensar, negar tal mensaje de esperanza? ¿No es éste el futuro anhelado por todos? Es el futuro esperado por la mayoría de los hombres, pero no por todos. La humanidad se encuentra en diferentes peldaños de la escala evolutiva; por encima de cierto nivel todos son buenos augurios para los hombres. Son aquellos que aún no han manifestado esa medida de su Ser divino que no reconocen que el compartir es divino, que la justicia y las correctas relaciones son divinas, sino que ven la Divinidad como competencia y conflicto, y registran el valor del hombre por el peso de su oro.

Muchos temen y sufren; privados de trabajo y esperanza para el futuro, luchan día a día. Pero muchos otros están creando su futuro para ellos mismos, y muchos, también, están muriendo en el proceso. En todo el mundo los hombres están despertando a la posibilidad de una vida mejor con libertad y justicia en el corazón de la misma. No temáis, la voz del pueblo se está alzando y como un contagio afecta a cada vez más personas. Maitreya se encuentra detrás de aquellos que viven –o mueren– por la verdad de la libertad, la justicia y la unidad del hombre. Los jóvenes lideran el camino, y el futuro es para ellos.

8 de Septiembre del 2011
SI **Octubre 2011**

La promesa de Maitreya

Mientras que muchas personas continúan creyendo que los actuales sistemas bancarios y bursátiles son necesarios e inalterables, cada vez más personas están llegando a la conclusión de que han dejado de ser útiles y deben reemplazarse pronto. Demasiados están sufriendo los efectos de la codicia desenfrenada, y anhelan una mayor justicia y equidad para poder sobrevivir lo que con tanta frivolidad se denomina 'el actual clima económico'. Antes del colapso económico del 2008, al menos en el mundo desarrollado, había abundancia de dinero. Las personas tenían trabajo y casas en donde vivir; nuevos millonarios nacían cada día. En otros sitios, por supuesto, millones de personas aún padecían hambruna y millones más pasaban hambre, pero para algunos había abundancia de dinero y la vida era buena.

¿A dónde ha ido todo el dinero? ¿Qué ha pasado con él? Ahora, nadie tiene trabajo y el dinero ha desaparecido, en los bancos y desaparecido. Y los millonarios ahora son multimillonarios. Un truco de magia, una estafa, pensaríais, hay sido ejecutada a medio mundo.

¿Regresarán las viejas formas, el viejo tiempo? ¿Realmente queremos que vuelvan con la riqueza de los ricos duplicándose a diario y los pobres recogiendo los céntimos que dejan caer?

Las personas en todas partes están percibiendo un cambio y están prestando sus voces a esta llamada. Ellos perciben, también, su poder para actuar, y muchos mueren para probarlo. Ellos perciben que las viejas formas están casi acabadas y han consumido su fuerza. Ellos sienten que existen otras formas mejores de vivir y esperan el mañana. Desde luego, las viejas formas están muriendo y retienen a la raza. La rueda gira y la poderosa Roma vuelve a caer una vez más. El fuego de Maitreya está encendido en los corazones de incontables millones de personas y ellas responden, ávidas de construir un nuevo mundo en donde la justicia y la armonía reinen. La promesa de Maitreya es que este nuevo mundo está en camino.

9 de Octubre del 2011
SI **Noviembre 2011**

El Heraldo de lo Nuevo

Muchos recordarán el tiempo presente como un tiempo de prueba, de tensión y de agitación. En realidad, visto con un ojo más perceptivo, es un tiempo de renovación, de preparación para un nuevo comienzo. Así pueden los hombres adquirir una gran esperanza de los cambios actuales. El pasado ya ha tenido sus días y se debilita rápidamente para beneficiar a la raza. Crece el hastío e inquietud de la juventud por su largo dominio, y se vuelven a las drogas y el crimen para aliviar el malestar y la desesperación de sus almas.

Mientras tanto, el Heraldo de lo Nuevo está inspirando silenciosamente a una nueva generación de activistas que emergerá en cada nación, conscientes de las necesidades de los hombres en todas partes. Ya, como sabéis, los grupos de activistas para las nuevas estructuras están trabajando abierta y valerosamente en muchas tierras, mostrando una nueva aspiración que se está formando en los corazones de millones de personas: respeto por, y cooperación con, todos, y el fin de la antigua y divisiva codicia.

Así los hombres están encontrando el anteproyecto del tiempo futuro, al renovarse ellos mismos en la sencilla esperanza de Maitreya. La Paz y la Justicia están empezando a desempeñar un papel central en las mentes de millones de personas. Cuando los hombres comprendan que sólo el compartir hará realidad estos apreciados conceptos ellos se embarcarán en una transformación de la sociedad más allá de cualquier cosa imaginada hasta ahora. Etapa tras etapa, estos cambios serán adoptados y probados para su uso general. El dolor y la sensación de confusión actuales darán lugar a una renovada esperanza y satisfacción de que el mundo está al fin en el sendero correcto y así los experimentos podrán llevarse a cabo de forma segura.

Así desaparecerá el temor al cambio. Grandes transformaciones tendrán lugar en una secuencia ordenada al comprender los hombres la belleza de las nuevas formas. Gradualmente, las viejas y divisivas formas del pasado serán vistas como los errores del pasado y se extinguirán, inútiles para la nueva unidad.

Las palabras y ejemplo de Maitreya acelerarán el sentido de la unidad, que manifestará cada vez más las energías de Acuario, atrayendo a los hombres a una síntesis desconocida hoy.

En la actualidad, los Maestros en Sus diversos centros trabajan a través de Sus grupos para producir estos cambios con la mínima agitación social. Suya es la labor de facultar el cambio a un ritmo aceptable con la evolución en vez de revolución. Esto no es fácil de hacer, porque los hombres, al ser jóvenes, son impacientes por lo nuevo, y cuando son mayores, se resisten al cambio. Por ello la actual agitación.

Muchos esperan este tiempo con esperanza y alegría. Muchos más están confinados en la desesperanza y el temor. Muchos están ávidos de ver el futuro mundo libre de guerra y miseria. Muchos más esperan agotados que su carga se alivie.

Maitreya despertará a los hombres a su destino y les liberará del temor y la duda. Él les liberará, también, de la constante sensación de marginación y desconfianza. El largo invierno de los hombres en el desierto les ha preparado para los tiempos venideros más simples y felices.

12 de Noviembre de 2011
SI **Diciembre 2011**

La Gran Decisión

A ritmo constante, la humanidad avanza hacia su Gran Decisión. Sin el conocimiento de todos exceptuando unos pocos, los hombres están siendo puestos a prueba como nunca antes en su larga historia en la Tierra.

La Espada de la División, empuñada por Maitreya, el Cristo e Instructor del Mundo, está realizando su trabajo beneficioso: separando y dividiendo a los hombres, acentuando sus diferentes naturalezas y propensiones.

De esta manera, la elección ante los hombres se vuelve más clara, más nítidamente definida. La energía del amor de Maitreya es impersonal, estimula a todos, aquellos que anhelan la paz y las correctas relaciones, y aquellos que aman la codicia y la competencia, arriesgando por tanto una guerra final y la total autodestrucción. De ahí la importancia de la elección a la que todos se enfrentan ahora.

Muchos podrían pensar que tal elección es necesaria. ¿Sin duda nadie desea una guerra devastadora? En la actualidad, una guerra pequeña y local podría convertirse en una gran guerra de dimensión nuclear. El resultado sería demasiado terrible de contemplar, no obstante existen aquellos que, incluso ahora, están planificando cómo sobrevivir a tal eventualidad.

La elección de los hombres es clara: continuar de forma temeraria en la actual dirección codiciosa y destruir la vida en el planeta Tierra para siempre, o seguir los dictados del corazón benevolente y practicar el compartir y la justicia como la única garantía de un futuro pacífico para los hombres de la Tierra.

Los acontecimientos de la Primavera Árabe son una señal de que los jóvenes están respondiendo a la Llamada de Maitreya. Por delante de sus mayores, ellos han despertado a las nuevas energías de Acuario y la promesa de la nueva vida que ellas traen. Ellos han perdido todo temor y de buena gana se sacrifican por una libertad y dignidad recién encontradas. Un nuevo esplendor está creciendo entre los jóvenes.

En todo el mundo, grupos traman y planifican para la revolución. Armas en muchos países están ahora siendo almacenadas para este propósito. No revolución sino evolución es por lo que aboga Maitreya. Él sabe bien que la revolución precipita el conflicto y la carnicería, reemplazando un conjunto de problemas por otro. Lo que se requiere es un proceso de cambio paso a paso que permita a cada uno la experiencia de estar involucrado en su propio destino.

El compartir es el único medio de asegurar tal proceso; solo el compartir engendrará la confianza esencial incluso para empezar. Maitreya ha dicho: "El primer paso hacia el compartir es el primer paso hacia tu Divinidad". Aceptad el compartir, por tanto, y entrad en vuestro derecho de nacimiento.

15 de Enero de 2012
SI **Enero/Febrero 2012**

La transformación venidera

De la profundidad de sus actuales problemas y pesares, la humanidad encontrará esperanza. Tanto de lo que está sucediendo es positivo y prometedor para la raza que los hombres pueden dar por segura una temprana disminución de sus problemas, no todos a la vez, pero gradualmente, poco a poco. Gradualmente, también, los hombres sabrán las verdaderas razones de su actual angustia. Ellos llegarán a comprender que la humanidad es Una, integral y relacionada por una larga asociación y ascendencia común, relacionada, también, por su divinidad común. Ya no necesita más el hombre temer y luchar contra su vecino, ya no necesitan millones padecer hambruna en medio de la abundancia. Así podrá nacer un nuevo tiempo, un tiempo en donde la Justicia y el Compartir controlan el actual caos e irresponsabilidad, un tiempo en el cual los hombres respetan y se cuidan unos a otros, cuando la divinidad de los hombres se haga manifiesta y los secretos de la vida conocidos. La suficiencia reemplazará a la abundancia como la meta de los hombres cuerdos.

Así los hombres entrarán en correcta relación entre ellos y con la Fuente de todo. Bajo la inspiración y orientación de Maitreya y Su grupo los hombres florecerán en su divinidad y harán eso manifiesto en todo lo que hagan. Las abominaciones de la guerra y el terror se desvanecerán rápidamente de su memoria, y una gran eclosión creativa ocupará su lugar.

Los hombres renovarán y embellecerán sus ciudades, haciéndolas dignas del nuevo tiempo. Estas serán mayores en número y más pequeñas en tamaño, conectadas por transporte, rápido y silencioso. Las personas educarán a sus hijos en muchas y diferentes formas, cada niño unido al sistema educativo como lo determinen sus rayos. Con el tiempo el intercambio entre los Maestros y la raza de los hombres crecerá en una intimidad cada vez mayor, y los niños avanzarán feliz y lógicamente de etapa en etapa en creciente conciencia despierta. En todas estas medidas, en esta transformación, cada uno desempeñará su parte.

Actualmente, aparecerán una serie de señales que desconcertarán a aquellos que las experimenten. Nadie será capaz de explicar este fenómeno pero presagiará un cambio en el pensamiento y la comprensión de los hombres. Desde ese momento en adelante, un sentido de expectación cautivará a la mayoría de naciones, que preparará a los hombres para los extraordinarios acontecimientos que vendrán. Como sabréis, no todos los hombres toman en serio el nuevo tiempo que yace delante para la humanidad. Estos acontecimientos prepararán a más para esta revelación.

12 de febrero de 2012
SI **Marzo 2012**

La juventud al timón

Este año, 2012, es uno de gran importancia. Es esencial que el ímpetu del Amanecer Árabe, y sus repercusiones en todo el mundo, no se pierda. La Voz del Pueblo, tan vigorosa y segura ahora, debe continuar resonando en todo el mundo, afirmando el Compartir y la Justicia como el único camino para engendrar confianza y un mundo más seguro para todos. El remedio para los males de los hombres es tan simple, tan fácil de conseguir, y no obstante tan difícil de comprender para muchos. Los hombres deben entender que todo otro método ha sido probado y ha fracasado, acabando inevitablemente en guerra.

Hoy, que todos tengan por seguro, otra gran guerra sería nuclear, y destruiría, totalmente, toda vida en la Tierra. Hoy, también, existen fuerzas que ya están planificando cómo mejor sobrevivir a tal aniquilación, todo en vano. ¿Qué podría, y debería, hacer la humanidad?

Hablando en términos generales, los gobiernos actuales son organizaciones de hombres ancianos que no conocen ninguna otra forma de trabajar y gobernar que las formas de su juventud, las formas del pasado. Ellos poseen poco sentido de la razón de que sus métodos ya no funcionan. Ellos no conocen nada de las nuevas energías e impulsos que inundan el mundo actualmente, y están desconcertados y defraudados por su incapacidad de controlar los acontecimientos.

En gran medida, actualmente, la Voz del Pueblo es la voz de la juventud. Los gobiernos, y los medios de comunicación bajo su control, en gran medida ignoran y vilipendian las voces y aspiraciones de la juventud; no obstante son los jóvenes los que tienen las respuestas, los que comprenden que la humanidad es Una, que piden equidad, justicia y compartir, y el fin de la guerra. La voz de tales jóvenes nunca puede silenciarse, y no será ignorada por mucho tiempo. La Voz del Pueblo, joven y anciana, ahogará los gimoteos de los hombres de dinero y conducirá a la humanidad hacia el Nuevo Amanecer. Así será.

1 de marzo de 2012
SI **Abril 2012**

Agua en vino

Como a menudo es el caso, los europeos están buscando una siempre esquiva unidad. Esta vez el problema es principalmente económico. El Mercado Común, en esta difícil crisis económica, se deshilacha en las costuras y pierde su precaria unidad.

EEUU, en un año de elecciones, anda con cautela, ansioso por ver una mejora en el comercio y una reducción de responsabilidad en el extranjero. Israel, por tanto se envalentona por asumir la tarea de presionar a Irán. Mientras tanto, China prospera y se enriquece mientras que la vecina Rusia imita a los EEUU de la década de 1930. Así los intransigentes del viejo orden luchan por mantener a flote el barco que zozobra en el torbellino de las nuevas y más justas energías de Acuario. La Era de Síntesis está sobre nosotros, reconocida o no, y cada nuevo día graba su sello en el mundo.

Solo los jóvenes, y los jóvenes de corazón, parecería, reconocen las dimensiones del cambio. Solo ellos saben que la justicia y el amor nunca pueden desecharse sin dolor. Así es con los jóvenes hoy que reconocen una nueva nota en la canción de la Tierra y buscan, con todos los medios abiertos a ellos, hacer que se escuche. Enormes cantidades de personas en todo el mundo están empezando a responder a este nuevo tema y buscan medios válidos para implementar su anhelo por el cambio.

Muchos están empezando a comprender lo fundamental de la vida y con valor dan fe de su verdad: Compartir, Justicia y Amor, ellos comprenden, son los ingredientes esenciales de una civilización basada en la comprensión de que todos los hombres son Dioses. De esta forma el mundo está siendo preparado lentamente para un concepto completamente nuevo del significado de la vida.

Incansablemente, Maitreya y Su grupo enseñan las antiguas formas hacia la felicidad y la divinidad, porque ambas son uno. Cuando los hombres entiendan verdaderamente esta simple ley ellos gustosamente renunciarán a los patrones del pasado: la profana división que sustenta la codicia de tantos, el desprecio de los ricos por los pobres y el ansia por el poder y la guerra.

Ellos dejarán atrás esta escoria que ha controlado su imaginación durante tanto tiempo. Ellos escucharán atentamente el consejo de los Maestros y convertirán, ellos mismos, agua en vino.

15 de Abril de 2012
SI **Mayo 2012**

El sendero de la cooperación

Cuando los hombres comprendan los beneficios de la cooperación ellos la adoptarán de forma natural como la forma más agradable e inteligente de proceder. Desaparecerán para siempre las privaciones y tensiones de la competencia constante, cuyo estrés mina la alegría del trabajo y convierte cada día en una lucha por la existencia. Por supuesto, existen muchos que adoran esta lucha competitiva, que encuentran en la competencia el estímulo que hace para ellos que la vida merezca vivirse, midiendo sus frágiles egos contra el resto. Ellos necesitan la competencia para reconocerse a sí mismos. Sin embargo, en el tiempo inmediatamente venidero, los hombres, respondiendo cada vez más a las energías benefactoras de Acuario, comprenderán la naturaleza divisiva de la competencia y gustosamente adquirirán el hábito de la cooperación. De esta manera el mundo cosechará un gran beneficio, mientras los hombres trabajan juntos como iguales en las muchas labores de reconstrucción que esperan su servicio. Así el mundo será transformado por manos dispuestas. Así el nuevo mundo será forjado.

Acuario es otra palabra para unidad, y a través de su don de la cooperación esa unidad gradualmente se hará manifiesta. La unidad será el sello del nuevo tiempo.

Durante incontables miles de años, la competencia prevaleció. Muchos son los logros por los cuales el hábito de la competencia ha enriquecido el esfuerzo hacia delante de la raza, pero por significativos que estos puedan ser, no son nada en comparación con las posibilidades que la cooperación podría haber permitido. A medida que las civilizaciones han marcado el progreso del hombre, las inspiraciones más elevadas han surgido del esfuerzo cooperativo, y han atraído a los hombres hacia delante. Hoy la humanidad ha llegado a un punto de inflexión. La siempre indagadora mente y el espíritu competitivo del hombre han llevado a la raza a su punto más peligroso de la historia. El deseo del poder supremo en su forma más material nos ha dado la bomba atómica y una vida de miseria para millones de personas. El hombre debe por tanto entrar gustosamente en un nuevo sendero que llevará al fin de la rivalidad destructiva y la guerra, o enfrentarse a la misma extinción. Esta es la elección a la que ahora se enfrenta la raza de los hombres. Cada uno debe pensar profundamente y adoptar su postura.

9 de Mayo de 2012
***SI* Junio 2012**

Los precursores

Entre la humanidad existe hoy un creciente número de hombres y mujeres que están dedicados a delinear los principios sobre los cuales se construirá la nueva civilización. Se encuentran en casi todos los países y propagan las enseñanzas que reflejan las cualidades de la Nueva Era de Acuario. Se encuentran en cada ámbito de la vida humana y se les reconoce por su altruismo y su viva respuesta a la necesidad humana. Estos son los precursores, enviados por delante para preparar a los hombres para las experiencias que caracterizarán la Nueva Era. Algunos pocos de ellos trabajan conscientemente, conocedores de su misión de ayudar a un mundo en lucha y su conexión con la Jerarquía, pero la mayoría trabaja solo por los estímulos del corazón y su deseo de ayudar.

Pronto será obvio para muchos que sus ideas tienen eco en todo el mundo, que un gran y preparado contingente está trabajando, pronunciando en voz alta el deseo de los hombres por el cambio y las implicaciones para la sociedad que inevitablemente este cambio supondrá. Estos cambios van al corazón del problema humano actual: la separación de los hombres y naciones que amenaza la seguridad del mundo. Sin estos cambios los hombres están sobre el filo del desastre; la desenfrenada marcha de la comercialización en todos los aspectos de la vida humana pone en peligro la raza.

Cada vez más los hombres son vistos como superfluos en una lucha por la existencia, meros peones en un gigantesco juego de 'caza del dólar'. La confianza humana y la cohesión social brillan por su ausencia en la voraz lucha por beneficios a toda costa. No por mucho tiempo puede la humanidad soportar la tensión de esta lucha, en la cual los hombres toman su postura por el amor o la demente codicia.

Detrás de la escena Maitreya y su grupo avivan las llamas de este conflicto y gradualmente, cada vez más, los hombres están empezando a ver su sendero. Con creciente voluntad, ellos expresan en voz alta su necesidad por el cambio, siguiendo los preceptos de los hombres y mujeres de visión que están liderando el camino.

Así Maitreya trabaja para el bien de todos, fomentando lo mejor que los hombres pueden ofrecer y mostrando lo mejor en lo que los hombres se pueden convertir. La Jerarquía observa con benevolencia esta lucha trascendental por el futuro de la humanidad, segura del resultado: la superación tanto de la codicia como de la desesperación, y el triunfo del espíritu humano.

6 de Junio de 2012
SI **Julio/Agosto 2012**

Consideraciones adicionales sobre la Unidad

Con la excepción de unas pocas, la mayoría de las naciones del mundo buscan la Unidad. Sus acciones podrían no siempre apoyar esta afirmación, pero internamente, al menos, la dirección general de su intención es lograr, juntas con sus amigos y aliados, la expresión de la Unidad.

Sin embargo, existen algunas naciones para las cuales el logro de sus objetivos individuales es más importante que la Unidad general mundial, la garantía de la paz mundial. Estas actitudes pueden, y a veces lo hacen, cambiar de repente, o con el tiempo, pero en el período actual uno puede analizar los siguientes países.

Israel (rayos: alma 3, personalidad 6), habiendo usurpado a través del terrorismo la tierra del pueblo palestino, ahora está obsesionado con su seguridad excluyendo todos los demás temas, incluida la paz mundial. Resguardado de las resoluciones de Naciones Unidas por el veto de EEUU en el Consejo de Seguridad, Israel se pavonea en Oriente Medio sin restricciones. Gracias a Estados Unidos, Israel posee la bomba atómica y amenaza utilizarla contra Irán si fuese necesario. El pueblo de Israel es antiguo pero la nación es muy joven, descarada y propensa a la temeridad.

EEUU (rayos: alma 2, personalidad 6) tiene, desde el nivel del alma, un profundo y genuino deseo por la Unidad y la paz mundiales. No obstante, es demasiado joven, grande y poderosa, y bajo el control de su personalidad infundida de espejismo. Su ideal es por la Unidad y la paz, e imagina que demuestra esto al mundo. Cuando todos sigan el liderazgo norteamericano en economía, política y religión, cree que inevitablemente la paz será el resultado. Con esta actitud ha buscado dominar el mundo, repetidamente haciendo la guerra en nombre de la paz (Corea, Vietnam, Irak, Afganistán). El mundo está esperando la superación de este espejismo y que emerja la influencia del alma de 2º rayo de EEUU en los asuntos mundiales.

Cuando esto tenga lugar (probablemente no antes del Día de la Declaración por el Cristo), el innato anhelo por la Unidad del alma norteamericana se galvanizará en acción, y la idea de servicio al todo reemplazará la actual necesidad de dominar. Una gran reconstrucción del mundo se llevará a cabo a través de incontables individuos. El deseo de servir reemplazará el actual sentido de superioridad de EEUU en todas las cosas, y le seguirá una verdadera era de paz.

Irán tiene un pueblo antiguo y dotado, actualmente desgarrado entre el deseo de un gobierno sensato y secular y una forma extrema y fanática de gobierno islámico. EEUU siente una profunda aversión y desconfianza por Irán, dado que sus científicos están en el proceso de controlar la tecnología nuclear. Nunca ha sido la intención de Irán desarrollar un arsenal nuclear pero se siente amenazado a diario por EEUU e Israel, y ahora, reticentemente, no ve alternativa. Los rayos de Irán son alma 2, personalidad 4. Su pueblo es maduro, culto y pacífico y ha proporcionado muchos de sus dones, especialmente a la India.

Corea del Norte (rayos: alma 6, personalidad 4), es la más joven de todas estas naciones, formada por una división de la Corea original. Sus intenciones también son las más difíciles de prever, dado que está tan absorta en demostrar al mundo su destreza. Desafortunadamente ha conseguido cierta capacidad nuclear y puede considerarse un poco como un cañón incontrolado entre las naciones. Como es bien sabido, está dominada, más que liderada, por sus gobernantes y debe se cuidadosamente observada por Naciones Unidas en su conjunto. Su pueblo está hambriento, de reconocimiento y de alimentos. Las naciones deberían ser generosas en compartir con Corea del Norte.

Desde el punto de vista del espectador medio parecería que hubiese mucho que causara miedo y preocupación en esta evaluación. Sin embargo, los Maestros ven un mundo preparado para el cambio, que anhela la justicia que garantizará una nueva y real Unidad entre las naciones, y la paz que todos desean.

12 de agosto de 2012
SI **Septiembre 2012**

¡S.O.P. – Salvad Nuestro Planeta!

Cuando uno mira profundamente en la situación actual del mundo, dos cosas sobresalen como especialmente importantes: el peligro de guerra y la aceleración del desequilibrio ecológico de la Tierra. Existen, por supuesto, muchos otros problemas: la debacle económica que afecta a muchos países, especialmente en Occidente; el inmenso incremento del precio de los alimentos, especialmente la dieta básica de muchos millones de personas; la inmensa, y creciente, disparidad en los estándares de vida entre los ricos y los pobres.

Todos estos problemas son importantes y requieren pronta resolución. Los primeros dos nombrados deben captar la atención de todos los hombres y gobiernos sensibles dado que representan la mayor amenaza para el bienestar del hombre. Las guerras, grandes y pequeñas, deberían ya ser impensables, pero, tristemente, esto no es así. Incluso un mundo que ha conocido la locura y futilidad de la guerra en su forma más terrible aún no ha renunciado, totalmente, a esa abominación. Los gobiernos son seducidos a pensar que las viejas formas, después de todo, aún producirán su codiciado premio. Las armas de guerra, por tanto, se han hecho indispensables y un importante bien comercial. Mientras las armas estén allí serán utilizadas. Pequeñas guerras engendran grandes guerras cuando más países se ven involucrados. Grandes naciones luchan por poderes a través de sus aliados y así prolongan luchas sin importancia en guerras. Este gran peligro debe ser abandonado por todas las naciones. Amenaza la misma existencia de los hombres en la Tierra.

Además de la guerra, nada afecta tan profundamente el futuro de todos los hombres como la contaminación. Algunos países han reconocido este hecho y han tomado algunos pasos para limitar la contaminación y el calentamiento global. Otros, a veces los principales contaminadores, niegan la realidad del calentamiento global a pesar de la abrumadora evidencia de lo contrario. Diariamente, ahora, los cambios climáticos prueban más allá de toda duda que el planeta está enfermo y necesita cuidado inmediato y cualificado para restablecer el equilibrio. El tiempo se está agotando para que los hombres detengan la transformación que a diario se está infligiendo al planeta Tierra. Todo hombre, mujer y niño debe desempeñar su parte en la tarea. El tiempo está, realmente, acabándose. ¡S.O.P. Salvad Nuestro Planeta!

8 de Septiembre de 2012
SI **Octubre 2012**

(S.O.P. – Save Our Planet! en inglés, que hemos traducido en castellano como ¡S.O.P. – Salvad Nuestro Planeta! Los lectores podrían encontrar interesante observar que se espera que S.O.P. con el tiempo se convierta internacionalmente en una frase muy conocida para congregar a todas las personas a actuar para salvar el planeta.)

De Piscis a Acuario

Dentro de la presente era existen muchas cosas que deben preservarse, porque no debemos olvidar que la Era de Piscis, ahora desvaneciéndose rápidamente en la historia, nos ha legado mucho de valor y valía. Por supuesto, la gran cualidad de la Individualidad puede citarse como la gloria de Piscis, pero existen otros dones atribuibles a la experiencia Pisciana de los últimos 2.000 años.

Un nuevo y más potente idealismo ha enriquecido los corazones y mentes de millones de personas, causando así el nacimiento y propagación de las grandes religiones del mundo con su pensamiento esencialmente alimentador y civilizador. El ansia de saber, de viajar y de comerciar floreció como nunca antes, y un nuevo mundo, literalmente, apareció ante los ojos asombrados de los hombres. Inevitablemente, el comercio inicial se convirtió en codiciosa explotación y anexión; así, como siempre, los imperios crecieron y se hicieron ricos y fuertes. A menudo, los héroes conquistadores percibieron –equivocada, pero a veces acertadamente– que tenían una misión civilizadora e iluminadora, que los "salvajes" necesitaban "salvación", y que el oro y las especias no eran la razón real de su presencia lejos del hogar. Esto realmente fue así en muchos casos. El ansia de saber y de aplicar ese conocimiento es evidente en el trabajo de Leonardo Da Vinci, cuyas exploraciones científicas han conducido al avance de la medicina moderna e incluso a la exploración moderna aeronáutica y espacial. Todo esto y más resulta de la experiencia Pisciana.

Si la individualidad fue el mayor don de Piscis, ahora, mientras entramos en la nueva Era de Acuario, el uso indebido de esa misma individualidad se ha convertido en el mayor peligro y amenaza para el hombre. En todo el mundo poderosos individuos, gobiernos e instituciones mantienen esclavizados a millones de personas. En estas circunstancias, los hombres se convierten en peones, rehenes de los caprichos del mercado. Instituciones de todo tipo –gobiernos, bancos y corporaciones– han reducido la brillante individualidad de sus trabajadores a la obediencia pasiva. En otras partes, otros padecen hambruna y mueren en silencio, o trabajan como esclavos por una miseria diaria, mientras que los ricos añaden riquezas a su impío acopio.

Esta norma divisiva está conduciendo a los hombres al borde de la destrucción y les plantea una elección histórica: continuar así y poner fin, para siempre, a la estancia del hombre en el Planeta Tierra o cambiar totalmente de dirección. Ya, las señales están allí de que los hombres han visto el peligro y, en todo el mundo, están despertando a un nuevo amanecer. La brillante luz de Acuario está entrando en sus corazones, y los gritos de justicia y libertad surgen prontamente en sus labios. Esta misma justicia a través del compartir conducirá a los hombres fuera de esta oscuridad y les elevará hacia adelante en su meta destinada. Así será.

13 de Octubre de 2012
SI **Noviembre 2012**

Algunas consideraciones sobre el trabajo grupal

El hombre sabio es aquel que estudia todos los ángulos de un problema o situación antes de llegar a conclusiones y acciones que más tarde podrían demostrar lo equivocado que estuvo. El hombre necio hace lo contrario. El tipo de persona que llega rápidamente a una conclusión en este sentido es rápido en entusiasmarse, e igual de rápido en negar y rechazar. Carecen de paciencia y consistencia de pensamiento. Tienden a mantener de sí mismos una alta y seria autoestima que les hace duros a la hora de juzgar a los demás. Normalmente son completamente inconscientes del espejismo de sus acciones y decisiones.

Tales personas no son intrínsecamente inútiles para un grupo. En realidad, si los eventos son favorables, podrían ser colaboradores útiles en muchos sentidos. Sin embargo, cuando los eventos van contrarios a sus expectativas, se pueden volver muy destructivos y difíciles de tratar. Existen muchos así en los grupos en todo el mundo que amenazan la preciosa unidad del todo.

Un problema común en los grupos que trabajan es aquel que realiza muy poco del esfuerzo grupal y por esa misma razón importuna al grupo con constante crítica. Se sienten enfadados y envidiosos de que otros hagan más trabajo, y más útil, pero no están preparados para sacrificar su tiempo para hacer lo mismo. Su constante flujo de crítica, rara vez son conscientes, es profundamente destructivo para la unidad y bienestar del grupo.

Luego están aquellos que prometen su tiempo y energía, pero encuentran, demasiado a menudo, que no pueden cumplir su ofrecimiento en última instancia. Muchas son las estratagemas de tales personas poco entusiastas y poco involucradas que sumergen sus tímidos pies en las exigentes aguas del verdadero trabajo grupal. Este, idealmente, proviene del alma, y en lo que concierne al alma, el trabajo, por más arduo que sea, es bienvenido y gozoso, no una carga o sacrificio sino un simple acto de servicio diligentemente dado.

5 de Noviembre de 2012
SI **Diciembre 2012**

La importancia de la Unidad

Cuando los hombres miren atrás a este momento, lo verán como un tiempo en el cual demostramos, simultáneamente, cada aspecto de nuestro ser, tanto los logros como los defectos. Esto, por supuesto, no sorprende, dado que los hombres en todas partes se encuentran en diversos puntos en la escala evolutiva pero, aceptando estas divisiones naturales, que el mismo tiempo reducirá, falta, aún, una unidad de enfoque y una comprensión de las necesidades de todos.

¿Por qué debería ser esto así? Durante largas eras las enseñanzas de las sucesivas religiones y la eminencia de poderosos individuos sustentaron una cierta unidad de pensamiento en la humanidad en evolución. Hubo, por supuesto, muchos periodos de guerra y disensión pero en cierto nivel la influencia unificadora de las grandes religiones fue mantenida. Actualmente, la individualidad es tan potente, tan valorada y recompensada, que, a pesar de sus múltiples logros, esta preciosa individualidad se ha convertido en el mayor peligro para el hombre.

La Unidad en cualquier sentido real está casi vencida, incluso, o quizás especialmente, en el campo religioso. Pocos hay que ven instintivamente, como norma, las necesidades esenciales de todos los hombres. Allí yace el peligro.

Las fuerzas civilizadoras de la Justicia y la Libertad, no obstante, están despertando a millones de personas a su derecho de nacimiento. Poco a poco, las mentes de los hombres están girándose hacia las necesidades de todos. Esto, naturalmente, es contrario a la incitante llamada de la individualidad. Por ello la actual tensión extraordinaria y las condiciones caóticas en el mundo. Los problemas, políticos y económicos, son básicamente de una naturaleza espiritual pero solo pueden solucionarse en los campos político y económico. La Unidad debe buscarse y manifestarse. De otro modo las tensiones impuestas por las condiciones actuales conducirán a los hombres a las acciones más peligrosas. Por esta razón Maitreya pide la Unidad, una comprensión de las necesidades de todos.

La paz es esencial pero solo puede lograrse donde reine la Justicia. La Justicia, se descubrirá, necesita de las calmadas aguas de la Confianza para su logro. Solo el compartir es el remedio de Maitreya para todos nuestros males. Solo el compartir llevará a los hombres, confiando, a la mesa en donde se logrará la Justicia y se asegurará la Paz.

12 de Enero de 2013
SI **Enero/Febrero 2013**

La histórica elección de la humanidad

El momento para que los hombres realicen su histórica elección ha llegado. Pronto, los hombres llegarán a comprender que deben tomar una decisión trascendental, una que determinará el futuro de cada hombre, mujer y niño, en realidad el futuro de cada criatura viviente en la Tierra: una elección entre la continua y siempre creciente creatividad en el planeta Tierra, o un final devastador de toda vida, humana e infrahumana, en nuestro hogar planetario.

El hombre, desafortunadamente, ha descubierto el secreto del atroz poder que yace escondido en el núcleo del átomo y lo ha utilizado para la guerra. Mientras la humanidad esté tan separada por la competencia, la codicia y el ansia de poder, el peligro de extinción, por accidente o intencionalidad, está siempre presente. Los hombres deben por tanto encontrar una forma más segura de vivir.

Tan potente es actualmente la individualidad de hombres y naciones, tan divididos se han vuelto en su lucha por la vida, que han perdido su camino y deben rápidamente encontrarlo para sobrevivir.

Así los Grandes, vuestros Hermanos Mayores, han buscado mostrar el único camino hacia la paz. Solo el compartir y la justicia, Nosotros decimos, traerán la paz que, en sus corazones, todos los hombres desean. Simple realmente es Nuestra recomendación pero, hasta ahora, difícil de captar para la humanidad. Los hombres tienen libre albedrío divino y son los amos de su destino. Tomad, Nosotros recomendamos, el sendero del compartir y la justicia, que son las vestiduras de la Fraternidad, sin las cuales un hombre no es totalmente un hombre.

8 de Febrero de 2013
SI **Marzo 2013**

El papel de los Maestros

Durante muchos años, Nosotros, los Maestros, nos hemos estado preparando para el momento del Emerger, el momento, ahora cercano, cuando Nosotros, en formación grupal, viviremos abiertamente en el mundo cotidiano. Para Algunos será una experiencia completamente nueva. Muchos, como Maestros, han invertido todo Su tiempo dentro de la Jerarquía y deben ahora aprender a trabajar de formas totalmente nuevas. Incluso el uso del lenguaje tiene que ser aprendido y practicado, dado que la telepatía ha sido desde hace mucho el modo utilizado por Nosotros.

Al principio, y durante algún tiempo considerable, Nuestro contacto tendrá que estar restringido a discípulos veteranos en los diversos campos de trabajo y a personal entrenado involucrado en los campos prácticos de la administración, específicamente en la distribución de alimentos. Muchos Maestros son especialistas en administración, mientras que Otros se ocupan con más facilidad de la enseñanza. El objetivo es trabajar lo más estrechamente posible en cada campo, y lo más pronto posible con el público en general. Es importante resaltar que el objetivo de los Maestros es estimular y guiar a la humanidad todo lo necesario, pero salvaguardando el libre albedrío esencial de los hombres.

Gradualmente la ubicación de las diversas Escuelas de Misterio, preparatorias y avanzadas, se conocerá y muchos miles de afanosos discípulos gravitarán hacia ellas. Allí recibirán el entrenamiento para las primeras dos iniciaciones, y entrarán en el Santuario de la Jerarquía.

Al principio Nosotros esperamos cierta oposición a la presencia e ideas de los Maestros, pero con el tiempo, incluso los fundamentalistas más intransigentes de cualquier religión o credo tendrán dificultades para encontrar defectos en la inofensividad de los Hermanos Mayores del hombre.

A su debido tiempo, las ciudades del mundo serán embellecidas y transformadas. La nueva Ciencia de la Luz transformará a la industria y al viaje, y el movimiento de las personas traerá Unidad al mundo. Personas de todas las naciones trabajarán y se agruparán en servicio para todos. El consejo de los Maestros estará disponible, guiando a los hombres sabiamente de forma sutil.

La presencia incluso de unos pocos Maestros entre ellos tendrá un efecto electrizante sobre miles de personas ansiosas de servir a las necesidades del mundo, y la idea del servicio se convertirá en un nuevo objetivo de vida para muchos. De esta manera se puede ver que una enorme transformación podrá conseguirse en un período relativamente muy corto de tiempo. Un programa masivo de ayuda a los pobres obrará milagros en países de África y Suramérica, por ejemplo. Un sentido del todo nuevo de la necesidad de apresurarse para rectificar los males del pasado asegurará una intensidad de ayuda desconocida ahora. Inspirados por Maitreya y Su grupo, cientos de miles de hombres y mujeres encontrarán su vocación de esta forma.

Nosotros, los Maestros, buscamos solo enseñar y guiar, mostrar el camino para los hombres y protegerles de daño. La guerra en todas sus formas debe convertirse en algo del pasado pero la decisión de ello debe ser solo del hombre. Repito, Nuestra labor es mostrar el camino, delinear los planes, pero solo los hombres deben abrazar cada paso del camino. No temáis; todo se logrará. La vida adelante para los hombres no podría ser más brillante.

9 de Marzo de 2013
SI **Abril 2013**

La aspiración de los jóvenes

No sorprendería a ningún lector inteligente saber que, en Nuestra estimación, las actuales condiciones caóticas económicas y las resultantes condiciones sociales no perdurarán durante mucho tiempo más. Tampoco vemos una repentina transformación y regreso al mítico 'status quo'. Los pueblos del mundo, en millones, han empezado a percibir el aroma de la libertad, y durante poco tiempo más se les denegará esta bendición.

En todo el mundo, sobre todo entre los jóvenes, el potente deseo de cambio está teniendo expresión. Los jóvenes desean un nuevo tipo de mundo, una nueva estructura que les incluya a ellos y a sus aspiraciones. Estas aspiraciones son por justicia y compartir, por trabajo significativo y una oportunidad de criar a sus familias en suficiencia y paz. Durante demasiado tiempo han languidecido en la pobreza y la oscuridad, privados de palabra en el esfuerzo de sus vidas.

De ahora en adelante los gobiernos del mundo tendrán que considerar seriamente estas aspiraciones de la hasta ahora silenciosa mayoría, y cambiar sus planes acordemente. Los 'terratenientes' tendrán dificultad en mantener la dramática brecha entre su forma de vida y la del 'campesino' medio, dado que el grito por la igualdad fuerza el cambio. Se comprenderá que las actuales divisiones en poder financiero están en el centro de la inestabilidad de las finanzas del mundo.

El viejo orden se está colapsando y ningún gobierno puede detener este proceso. Las nuevas energías de Acuario se están fortaleciendo, desmembrando el antiguo, corrupto y decadente orden. Los jóvenes, y jóvenes de corazón, son los primeros en registrar la aparición de esta nueva aspiración por la justicia. El deseo de correctas relaciones brota poderosamente en los corazones de los jóvenes.

Mientras tanto Maitreya continúa Su progreso entre las naciones, hablando libremente de la necesidad de justicia, compartir y amor. Estas ideas están encontrando muchos seguidores mientras las tensiones de las condiciones actuales producen su impacto en todo el mundo. En EEUU y México, en Brasil y ahora en Rusia, Maitreya plantea ante Sus audiencias las alternativas a las que se enfrenta la humanidad: continuar en el actual sendero insensato y codicioso hacia el olvido o ver el mundo como uno, en un viaje hacia la perfección, como hermanos y hermanas; ver que solo el compartir y la justicia nos proporcionarán la paz que todos deseamos y un mundo que prospera según el Plan, y así encontrar nuestro camino de regreso a la Verdad y la Belleza que una vez conocimos y fomentamos.

8 de Abril de 2013
SI Mayo 2013

¿Hacia dónde ahora?

Se hace cada vez más obvio que los sistemas económicos de la actualidad ya no funcionan. Demasiados, realmente millones, son excluidos de su derecho a comida suficiente para sustentar la vida. La capacidad productiva de este planeta es inmensa, pero tan inadecuados y desiguales son los medios de distribución que millones de personas sufren y mueren sin causa. Los hombres saben que esto es cierto pero no obstante poco se hace para remediar este crimen.

¿Hacia dónde ahora? ¿Durante cuánto tiempo más deben los pobres sufrir de esta manera? ¿Durante cuánto tiempo pueden las naciones sostener esta iniquidad antes de que una catástrofe inconmensurable engulla al mundo?

¿No es extraño que los hombres nunca hayan buscado remedio a esta eterna y trágica situación en la cual millones de personas sufren y mueren de necesidad en medio de la abundancia? La más sencilla de las soluciones, parecería, nunca se les ha ocurrido a aquellos que nadan en la abundancia. ¿Por qué no la simple justicia revela la solución? Que los ricos hayan de compartir las riquezas que controlan no es solo sensato y justo sino esencial para la paz mundial y el beneficio de todos si se quiere asegurar la supervivencia de todos.

No os equivoquéis, los hombres deben comprender que el compartir no es simplemente una idea buena y justa sino que es esencial si la humanidad quiere sobrevivir. Solo el sabio y justo compartir traerá la paz que todos los hombres desean. Porque sin compartir nunca surgirá la confianza.

Estad seguros de que Maitreya mismo dirá a los hombres esta simple verdad y abrirá sus ojos a los beneficios que le seguirán. Convertíos en uno de Sus muchos trabajadores que buscan establecer la necesidad para el compartir y la justicia. Recordad que ningún hombre está separado y solo, que todos los hombres, sabiéndolo o no, están unidos por lazos invisibles en un largo viaje de revelación continuada. Renunciad al sendero de la separación y ayudad a vuestros hermanos y hermanas en el camino.

9 de Mayo de 2013
SI **Junio 2013**

La voz del pueblo augura el futuro

Se hace cada vez más obvio para muchos que la actual estructura económica del mundo está quebrada y debe cambiarse. Por ejemplo, las economías de EEUU, Europa y Japón están deprimidas; y China, hasta hace poco la fuerza motriz, se está ralentizando. Solo India, donde millones de personas aún viven y mueren en la pobreza, y Brasil, sostienen en lo alto la pancarta del 'éxito'.

Es verdad que es un punto de vista muy parcial de las economías del mundo pero mayoritariamente es el caso que las naciones están languideciendo y no saben cómo prosperar. Los viejos trucos ya no funcionan: los graduados universitarios se sienten afortunados de poder servir en bares; los pobres son más pobres que nunca y están agradecidos por los bancos de alimentos; las clases medias luchan por 'mantenerse'; los ricos son más ricos que nunca pero creen que se les grava en exceso. Los gobiernos lo intentan, pero sus prioridades son erróneas y sus métodos ya no son relevantes para los problemas a los que se enfrenta el mundo.

El pueblo, no obstante, que es el que más sufre de la inacción o pensamiento equivocado del gobierno, ve claramente sus propias necesidades. Ellos buscan libertad, justicia, el derecho a trabajar y un mundo en paz en el cual sus familias puedan prosperar. Sus demandas son expresadas cada vez más. Por poco tiempo más la masa de los hombres contendrá la ira y la frustración que es su suerte. Ellos ya no confían en las palabras o las acciones de gobiernos hechas en su nombre. Durante demasiado tiempo, y demasiado a menudo, ellos han sido engañados y embaucados de su derecho de nacimiento. Ellos ven esto en términos sencillos pero con claridad, sin ya confiar en las maquinaciones de los poderosos ricos. La voz del pueblo está ascendiendo, no, ha ascendido, y está llamando a los hombres a declararse.

El pueblo, perspicaz e intrépido, ha mirado al futuro y ha visto la posibilidad de la realización de sus aspiraciones por un mundo justo y pacífico. Ellos saben que esto no sucederá por sí solo sino que ellos deben, junto con sus hermanos y hermanas, tomar el poder de la realización en sus propias manos. Ellos también saben que el camino podría ser duro y peligroso pero que el precio es demasiado preciado para ellos como para fracasar, dado que es el premio de la fraternidad, de la justicia y la paz, y de una vida mejor, más sencilla y verdadera para todos. Ellos saben que ningún sacrificio es demasiado grande para este logro y están dispuestos a morir en su nombre.

Así los pueblos del mundo heredarán el derecho de nacimiento de libertad y justicia que es su deber. Así la voz del pueblo se elevará cada vez más alta y clara en los meses y años venideros.

6 de Junio de 2013
SI **Julio/Agosto 2013**

Los dos pilares del futuro

De ahora en adelante, los 'mandamases' de este mundo, los hombres de riqueza y poder, encontrarán una creciente resistencia a sus estratagemas y planes. En respuesta a la creciente influencia de las benignas energías de Acuario, está emergiendo la conciencia despierta de una forma diferente de vivir en la cual todos pueden beneficiarse y crecer, y manifestar sus talentos e ideas para el bien mayor de todos.

Existe, también, un creciente sentido de que el dinero no es, después de todo, un dios y no exige ni devoción ni obediencia; de que el dinero no es sino una herramienta, para utilizar o no, una comodidad que se convirtió en un tirano que esclaviza a sus amos.

De ahora en adelante, también, se hará cada vez más evidente que las viejas formas y métodos ya no funcionan, ciertamente no para el beneficio de más de unos pocos. Así una gran brecha se ha abierto entre los ricos y los pobres de cada nación, más nítida y clara como nunca antes. Por poco tiempo más los pobres de este mundo aceptarán esta división profana. Y así la amenaza de revolución se agita una vez más en muchos países. En Nuestra opinión, aunque comprensible, tal consecuencia no es un buen augurio para la humanidad y solo fortalecerá su desesperación.

Nuestro camino es el camino de la evolución pacífica, y la recomendamos a aquellos que harían peligrar aún más el mundo. Nuestro camino es simple y alcanzable; el principio de compartir es la respuesta bendita a los males de los hombres. De un plumazo el Justo Compartir transformará este mundo. Muchos otros caminos han sido probados y han fracasado. ¿No es asombroso que el compartir nunca haya encontrado un sitio en los planes de los hombres?

Maitreya, incluso ahora, habla a diario de la necesidad de Compartir y Justicia, los dos pilares de la nueva sociedad de Paz y Reconciliación. Manteneos firmes, por tanto, en este sendero sencillo y traed alegría a los corazones de todos.

9 de Agosto de 2013
SI **Septiembre 2013**

La humanidad despierta

Un día pronto muchos se darán cuenta de que el Cristo, o alguien similar, está viviendo entre nosotros. Tan grande ha sido la respuesta a las entrevistas en televisión que Maitreya ha dado hasta ahora que una poderosa forma mental está emergiendo: la creencia de que el Tiempo Bendito ha llegado en el cual el Instructor de Antaño ha regresado. Esta expectación está ahora propagándose por todo el mundo.

En muchos países, Brasil, China y Rusia, por ejemplo, existe una creciente sensación de que muy pronto el mundo despertará a la noticia de que el Instructor está aquí, o está en camino. Este fenómeno se debe, por supuesto, al impacto de las apariciones de Maitreya en televisión hasta ahora, y al fiel trabajo de preparación llevado a cabo por los grupos dedicados en todo el mundo.

Esta noticia debería alentar a estos constantes servidores a continuar sus esfuerzos y, si es posible, redoblarlos. Nosotros, vuestros Hermanos Mayores, somos muy conscientes de la tensión que este largo esfuerzo ha impuesto en los grupos, y alabamos su trabajo a lo largo de muchos años. Ese esfuerzo, pronto se sabrá, no ha sido en vano.

De ahora en adelante, aquellos dedicados al trabajo de preparación deberían encontrar una mayor apertura y disposición a creer que el advenimiento del Instructor es inminente; que las personas están preparadas para el cambio; que un nuevo mundo está en ciernes; y que el compartir y la justicia, la libertad y la alegría esperan a todos los hombres.

3 de Septiembre de 2013
SI **Octubre 2013**

La dinámica del cambio

Si los hombres pudiesen ver los extraordinarios acontecimientos que están teniendo lugar ahora en muchas partes del mundo, comprenderían que el Día de la Declaración no puede estar muy lejano. Verían a miles de personas manifestándose y pidiendo el cambio, para una vida mejor y un nuevo enfoque para vivir: uno que les garantice trabajo y alimento para sus familias, servicios sanitarios necesarios y algo que decir sobre su propio futuro.

Muchos son los planes que ahora se están trazando que articularán estas ideas; grupos e individuos en todo el mundo están formulando el anteproyecto de un nuevo mundo. Algunos son demasiado histéricos para ser tomados en serio, pero muchos están bien pensados y ofrecen propuestas válidas para inducir los cambios necesarios.

Nosotros, vuestros Hermanos Mayores, estamos muy alentados por estos sucesos, que muestran elocuentemente cuán preparados están los hombres para el cambio. Por supuesto, existen aún muchos que temen el futuro y están aterrorizados por el cambio, pero las fuerzas de la transformación son ahora tan potentes que el cambio llegará a las personas, estén preparadas o no.

En todo el mundo estas fuerzas de transformación están inspirando a millones a ver una vida mejor adelante: una que instaurará paz, justicia y compartir a su sitio legítimo en sus vidas.

Nosotros, también, tenemos Nuestros planes, que serán presentados a los hombres. El libre albedrío de los hombres nunca será usurpado y la velocidad de adopción de estos planes seguirá esta ley. Así tendrá lugar una transformación de la vida en la Tierra con un mínimo de alteración. Cada paso será comprobado por los hombres, para que la humanidad misma regule la velocidad del cambio.

Que no todos están preparados para tal transformación no puede negarse, pero tan grande es la necesidad de nuevas y más pacíficas formas de vida que el cambio debe llegar, paso a paso, en una secuencia ordenada. Solo de esta forma puede evitarse la catástrofe.

Cuando los escépticos vean los beneficios que llegarán con este método ellos de buen grado aceptarán la nueva calma y armonía que descenderán sobre la Tierra.

10 de Octubre de 2013
SI **Noviembre 2013**

Un anteproyecto para el compartir

Cuando los hombres consideran el principio del compartir, ellos casi siempre lo ven en términos personales. Ellos visualizan una situación en la cual se espera que ellos, personalmente, entreguen sumas considerables de dinero a personas lejanas que no conocen, ni les preocupa conocer. De hecho, el principio del compartir solo puede organizarse como un proceso global.

Existen varias formas en las cuales esto se puede lograr, tanto parcial como totalmente. Nosotros, vuestros Hermanos Mayores, consideramos que el siguiente es el método más práctico, más simple y justo de todos, uno que, si se adoptase, satisfaría a un mayor número. A cada nación, Nosotros sugerimos, se le pedirá que haga un inventario de todos sus recursos y necesidades, lo que producen por sí mismos y lo que se ven obligados a importar. Luego, a cada nación se le pedirá que coloque en un fondo común aquello que tiene en exceso de sus necesidades, formando un inmenso recurso internacional del cual todos puedan sacar. Naturalmente, las grandes naciones desarrolladas darán una mayor cantidad pero todos donarán su excedente no necesario. Este esquema nos atrae por su simplicidad y equidad; llevará, por supuesto, tiempo implementar, pero Nosotros prevemos un tiempo en el que se logrará.

Muchos son los organizadores y administradores entrenados para los cuales este trabajo proporcionará un bienvenido servicio al mundo. Todo procederá bajo el patrocinio de un Maestro o al menos un iniciado de tercer grado, para salvaguardar la confianza de todos. Así, de un plumazo el azote de la pobreza y la necesidad llegará a su fin. Los corazones y vidas de incontables millones de personas serán elevadas a la alegría, y aquellos que compartan por primera vez encontrarán una felicidad profunda y satisfactoria, que quizás, ellos temían conocer.

Solo de esta manera se engendrará la confianza esencial para el fin de la guerra y el terrorismo. Sin tal confianza nunca habrá paz. Sin paz el futuro de la humanidad será realmente desolador. Por tanto, alguna forma de compartir es esencial si queremos sobrevivir. Cuando la mayoría de hombres comprendan esto, los principales problemas del mundo podrán resolverse.

El principio de compartir está empezando a entrar en las mentes de muchos grupos en todo el mundo. Poco a poco los hombres forjan su camino hacia esta conclusión. Maitreya recuerda a todo aquel que le escuche que solo el compartir proporciona la solución a nuestros problemas. Así, a medida que pasan las semanas y los meses, puede verse a los hombres lidiar con sus problemas, y cada vez más encuentran al compartir como la clave a su futuro.

5 de Noviembre de 2013
SI **Diciembre 2013**

La alegría venidera de Acuario

Cuando los hombres miren atrás hacia este tiempo, ellos se asombrarán con incredulidad de las atrocidades y sufrimiento que toleraron durante tanto tiempo. Algunos acusarán y pedirán castigo y ajuste de cuentas. Maitreya, los hombres descubrirán, aconsejará diferente. La justicia, como el compartir y la libertad, es divina, Él atestiguará. El castigo no es Su camino, y conduce a los hombres de regreso al pasado.

Cuando los hombres comprendan esto, ellos abandonarán su ansia de venganza e, inspirados por Maitreya y Su grupo de Maestros, ellos abordarán la tremenda tarea de transformación con celo.

Los cambios necesarios, por supuesto, son vastos y tendrán sus prioridades. Millones de personas que ahora sufren hambruna y viven en penuria, o en el trastorno de la guerra, serán los primeros en ser liberados de la agonía. El principio del Compartir, en cuya divina justicia yace el futuro de este planeta, ocupará el lugar de honor. Cuando los hombres hagan inventario de este logro, ellos se preguntarán, tristemente, por qué el principio de Compartir tardó tanto en entrar en sus corazones.

Así los hombres crecerán en estatura mientras contemplan sus errores pasados a la luz de los nuevos logros. Así acelerarán su determinación para modelar un nuevo mundo desde un pasado que se desvanece rápidamente.

Los Maestros inspirarán la inauguración de un nuevo enfoque a la vida, que todos los hombres pueden compartir y del cual todos pueden formar parte. Un creciente sentido de fraternidad y cooperación traerá una nueva alegría a su labor. Mientras el tiempo avanza, esta nueva actitud hacia el trabajo y entre ellos anunciará la gloria que Acuario trae.

9 de Enero de 2014
SI **Enero/Febrero 2014**

El Sendero del Ascenso

Dentro de cada hombre y mujer se asienta un Dios, potencial hasta ahora pero eterno. Mientras pasan a través de las experiencias que denominamos vida, ellos realizan un viaje, que al final resulta haber sido un paso hacia la unidad con ese Dios, comprendiendo el hecho de esa divinidad, comprendiendo que es el Alma, nuestro Ser superior.

Hasta ahora, nuestro conocimiento del Alma ha venido de textos religiosos. Estos han dejado al hombre con la impresión de que el Alma está lejos de él, algo a ser reconocido y adorado desde la distancia. Al progresar el hombre, sin embargo, él llega a comprender que el Alma es él mismo, una parte más elevada y pura de sí mismo, pero de todos modos él mismo. Así un hombre progresa, profundizando en el conocimiento de su verdadero ser y propósito.

Hoy, miles de personas son conscientemente despiertas de realizar tal viaje; para ellos la vida se profundiza en sentido, y buscan mayor conocimiento y experiencia. Así, con el tiempo, se vuelven hacia la meditación y a través de esta práctica un gran descubrimiento es de estas personas. Paso a paso, ellas saben con seguridad que son Almas, que el Alma no es una idea distante sino su mismísimo ser. Gradualmente el ritmo de sus vidas cambia, y un sentido y propósito más profundos consolida todo lo que hacen. Así los hombres avanzan en el viaje hacia la perfección, reflejando cada vez más la divinidad y la sabiduría del Alma.

Todos a su propia manera realizan tal viaje, algunos veloz y entusiastamente, otros más lentamente y menos seguros del sendero. Pero todos finalmente pasan a través de los diversos portales que marcan su progreso en el camino. Hoy este viaje lo realizan millones de personas que no saben que el sendero existe pero que no obstante responden a la llamada de sus Almas, y entran en él. Ellas perciben la necesidad del momento y buscan cubrir esas necesidades, y así desempeñan su parte.

Sabiéndolo o no están respondiendo a la llamada de Maitreya a través de sus Almas para entrar en la contienda, y para reabastecer este mundo con su ardor y valor. Sus esfuerzos, descubrirán, no habrán sido en vano.

4 de Febrero de 2014
SI **Marzo 2014**

Problemas esperando acción

Se podría decir sin temor de contradicción que no todo está bien con el mundo. Por ejemplo, la brecha entre los muy ricos y los desesperadamente pobres aumenta sin cesar. Este desequilibrio extremo no es saludable para ninguna sociedad. Sin duda alguna unos pocos miembros de la comunidad rica realmente comparten su riqueza con los pobres, pero en general los muy ricos más bien buscan convertirse en mega-ricos en detrimento de todos.

La siempre creciente comercialización de cada aspecto de la vida actualmente es, en sí misma, una 'bomba de tiempo' cuyo estallido llevará a la actual estructura económica al borde del colapso. Este momento no está muy lejano. Tan grandes son las tensiones causadas por este profundo materialismo que el equilibrio es tensado hasta el punto de ruptura. La mayoría de personas no son conscientes de estas fuerzas, tan profundamente involucradas están en la construcción de esta tensión.

Así se le presentará al hombre el único curso natural: la adopción del principio de compartir. Cada vez más, la humanidad está siendo conducida hacia esta realización, por muy distante que aún esté de su actual manifestación.

Al mismo tiempo los problemas ecológicos a los que se enfrenta el mundo continúan hacia un punto álgido. La mayoría de países actualmente reconocen que el calentamiento global es el enemigo de todos. La cuestión que divide a las naciones es si o hasta qué alcance es responsable el hombre. El curso más sabio que los hombres pueden seguir es asumir que ellos son responsables de la mayoría de las presiones sobre el clima y tomar todas las medidas prácticas para rectificar los problemas. Algunas naciones con toda seguridad están haciendo eso pero no todas. Nuestro consejo es que las acciones y no acciones de la humanidad son responsables del ochenta por ciento del problema y que los hombres deben, por su propio bien y el de sus hijos, no escatimar nada para su mitigación. Estad seguros de que Nosotros les ayudaremos pero ellos deben desempeñar su parte.

Con el colapso de la economía mundial los hombres llegarán a comprender su unidad. Esta realización tendrá un efecto profundo en su actitud hacia la guerra. Ellos verán que están ligados juntos en una lucha por la supervivencia, y las palabras de Maitreya resonarán más fuerte en sus mentes. Compartir, justicia y libertad crecerán en las mentes de los hombres como poderosos símbolos del futuro, como derechos inherentes de todos, el camino hacia correctas relaciones.

5 de Marzo de 2014
SI **Abril 2014**

Gestos de apuesta

Cuando los hombres realizan un paso decidido hacia las correctas relaciones, siempre existen otros que realizan un paso igualmente decidido hacia la confrontación. Multitudes trabajan, e incluso mueren, por una mayor libertad y justicia, mientras que otras fuerzas amenazan la paz en intentos cínicos de consolidar su mermado poder. Mientras tanto, la humanidad en su conjunto observa y tiembla, presenciando con temor una reanudación del antiguo pensamiento de odio a descartarse y superarse.

Nosotros, vuestros Hermanos Mayores, también, observamos cuidadosamente esta peligrosa estratagema, pero no temáis. El sentido común, Nosotros sabemos, forzará la aceptación de al menos una precaria paz, con ganancias y pérdidas equilibradas, más o menos.

De ahora en adelante este escenario se repetirá en todo el mundo, en el cual las 'grandes potencias' intentan mantener o incluso incrementar su poder, sabiendo, no obstante, que deben hacerlo con precaución sin dañar el status quo.

¿Durante cuánto tiempo pueden las naciones jugar este juego inútil? El único rumbo sensato es trabajar juntos por la paz y la prosperidad para todos. Sólo de esta forma prepararán a sus pueblos para la alegría de la paz, la prosperidad de la justicia y la dicha del compartir.

3 de Mayo de 2014
SI **Junio 2014**

El nuevo entorno

Cuando los Maestros comiencen Su histórico regreso al mundo cotidiano, Ellos encontrarán mucho que hacer para permitirles funcionar adecuadamente en el nuevo entorno. Como muchos saben, la telepatía es Su modo normal de comunicación pero, trabajando con los hombres, Ellos deberán volver a aprender el lenguaje humano hace tiempo desechado. Muchos de vuestros Hermanos Mayores ya están esforzándose mucho en problemas de la actividad en el plano físico. De esta forma, se engendrará un mayor grado de confianza y facilidad de trabajo.

Además, muchos Maestros han tenido poco o ningún contacto directo con la humanidad durante siglos y por ello encuentran la situación y modo de trabajo completamente nuevos. Por supuesto, la mayoría de Maestros son muy adaptables y rápidos en aprender pero inevitablemente algunos encontrarán la experiencia desconocida de trabajar en los planos externos realmente ardua.

Desde hace muchos años ya, ciertos Maestros han entrenado a un gran grupo de discípulos en el difícil trabajo de implementar los planes, políticos y económicos, de la nueva civilización. Estos hombres y mujeres entrenados, escogidos por voto democrático, harán concretos y reales los planes de los miembros más veteranos de la Jerarquía. Así la reconstrucción del mundo avanzará sin problemas, mientras las necesidades de las personas son reconocidas y aceptadas. La labor de reconstrucción es vasta, ofreciendo a los hombres un campo de servicio como nunca antes. Los incontables millones de personas que viven en la pobreza y la necesidad han de ser los primeros en recibir un programa de ayuda de choque a una escala aún nunca intentada.

Gradualmente nuestras gigantescas ciudades darán paso a unas más pequeñas con una abundancia de jardines y parques. Los feos barrios de chabolas actuales serán reemplazados por variadas áreas de estímulo y reposo. Una de las diferencias obvias será la ausencia de contaminación y smog. En la ciudad y el campo el aire fresco será verdaderamente fresco. Viajar será rápido y silencioso y los viajes más largos serán cortos y placenteros. La fatiga desaparecerá.

Obviamente todo esto tardará tiempo en implementarse pero paso a paso la búsqueda de la belleza se convertirá en la tónica de nuestra existencia. Energía gratuita e ilimitada, propiedad de todos y compartida por todos, garantizará esta transformación. Así la Nueva Era será anunciada, llamando a todos los hombres a dar lo mejor de sí en servicio del Plan.

31 de Mayo de 2014
SI Julio/Agosto 2014

El camino adelante

Bienvenidos a la fiesta. Mientras nos encontramos al borde de la Nueva Era, los hombres se preguntan qué les aguarda. Como muchos sabrán, el mundo está dividido en dos grupos, más o menos iguales en número. Uno demuestra las características de la era de Piscis, ahora desvaneciéndose rápidamente. La gloria de esa era, la poderosa individualidad que ahora se demuestra en todo el mundo, se ha convertido, hoy, en nuestro mayor peligro, amenazando el futuro de todos. Así las naciones compiten sin piedad, las más grandes y poderosas reclamando la parte del león.

A diario, no obstante, las benefactoras aguas de Acuario hacen sentir cada vez más su presencia, alejando al hombre del abismo.

Millones ahora perciben que el hombre es Uno, que solo trabajando juntos para el bien de todos puede la humanidad sobrevivir.

Este nuevo y más sabio concepto está despertando en los hombres de todas partes, mostrando el camino hacia la futura armonía. Este despertar no puede detenerse o desviarse porque detrás suyo están los grandes Señores de la Síntesis, de la Combinación y la Fusión. Así se abrirá paso la nueva dispensación, el Gran Señor, Maitreya Mismo, liderando el camino.

El momento está ahora casi sobre nosotros. Observad, y no dormid, ni tampoco perded Su Llamada.

6 de agosto de 2014
SI **Septiembre 2014**

La Espada de la División

Muchas personas creen que a pesar de la presencia de Maitreya en el mundo, todo se está volviendo más amenazador e inestable que hasta ahora. Ellos se preguntan qué está haciendo la Jerarquía para aliviar los muchos problemas y dificultades que les dejan temerosos y desprevenidos para la intensificada tensión actual.

La verdad es, que el mundo está siendo preparado. En tiempos de gran tensión y cambio, las personas miran los problemas con una visión limitada –que inevitablemente tienen– del verdadero estado de la sociedad. La humanidad imagina que todos estos eventos tienen el mismo impacto e importancia para el futuro, mientras que la verdadera visión, que sólo los Maestros pueden ver, es totalmente diferente. Los Maestros ven los acontecimientos como si tuvieran lugar en un plano liso, y como potencial solo. Ellos saben que algunos se precipitarán y provocarán el cambio mundial, mientras que otros simplemente menguarán sin ningún tipo de precipitación. La humanidad, con su visión limitada, ve todos estos eventos como relevantes para su futuro pero esto con toda seguridad no es el caso. Desde el punto de vista de los Maestros la humanidad nunca ha estado tan preparada para el nuevo mundo que el futuro traerá. Nunca ha estado tan cerca un tiempo de inspiración y disposición para trabajar para el bien común.

Cuando el Cristo dijo que Él retornaría (en un tiempo tal en el que no pensaríamos), Él no traería suaves palabras de espuria paz sino una espada, la Espada de la División, que separaría padre de hijo y hermano de hermano. Es precisamente la acción de la Espada de la División la que estamos presenciando hoy. La energía del amor de Maitreya estimula a todos: a los que aman, y trabajan por la justicia y el compartir, pero también a los que causan las divisiones, cismas y codicia en el mundo. De esta manera, a través de la clara oposición creada por la Espada de la División, los hombres pueden llegar a una certera elección para el futuro –el futuro para todos los hombres, los pobres y hambrientos como también los hombres de dinero y los destructores de la paz en el mundo. Cada uno de nosotros debe escoger en qué lado de esa división encontramos nuestra verdad.

6 de Septiembre de 2014
***SI* Octubre 2014**

Mensaje de Maitreya

7 de octubre de 2014

Cuando los hombres Me vean por primera vez y Me conozcan por lo que soy, ellos se encontrarán cambiando interiormente.

Muchos por primera vez regresarán a la alegría de la infancia y encontrarán el mundo un mejor hogar por ello. Muchos se sentirán fortalecidos en su deseo de servir y colocarse en la vanguardia del cambio. Estos son aquellos a los cuales Yo llamaré para la labor de la reposición del espíritu y alegría del hombre.

Creed si podéis que Yo estoy con vosotros, listo para utilizar Mi fuerza en vuestro nombre.

Creed, si podéis, Mis amigos, que yo aguardo ávidamente el día de Mi regreso abierto.

[Los lectores notarán que este mensaje es de Maitreya, el Instructor del Mundo, en lugar del Maestro de Benjamin Creme. Fue dado, por un proceso de telepatía mental a través de Benjamin Creme.]

SI **Noviembre 2014**

Llamada a la razón

El momento pronto llegará en el cual los hombres comprenderán que el problema más importante al que se enfrenta esta generación es el desequilibrio ecológico que amenaza amplias zonas de la Tierra. Como sabéis, los hombres están divididos en cuanto al alcance de este problema pero a menos que su atención se centre de lleno en este dilema ecológico, el futuro para muchos está en entredicho.

Pronto muchos grupos comprenderán el alcance de este peligro y que, año tras año, poco los separa del desastre. Las fuerzas liberadas por el calentamiento global están ahora mucho más allá de los dispositivos de control disponibles a los hombres.

Prestad atención, por tanto, mientras aún quede un poco de tiempo. Porque las aguas suben inexorablemente, y los hombres juegan, despreocupadamente, con su futuro.

S.O.P. – Salvad Nuestro Planeta.

8 de Noviembre de 2014
SI **Diciembre 2014**

El año entrante

En algún momento hacia finales de este año las personas deberían ver el principio de un cambio en las diversas zonas del mundo. Lo que ha sido considerado como dañino al final será considerado como beneficioso.

El hambre y el odio juntos bien podrían empezar a dejar de dominar las páginas de nuestros periódicos.

Un estado de ánimo más sosegado empezará, al menos, a reemplazar la ira y la ferocidad tribal actual. Pero no os confundáis –esto no es el fin de las dificultades. A algunos les esperan dificultades no deseadas pero así debe ser, porque ellos mismos han creado las situaciones que las provocan.

Sin embargo, esto no durará mucho. Las beneficiosas energías de Acuario están acelerando el proceso de renovación y esto debería verse como la tónica del futuro.

Las personas de todas partes están esperando cambio y cambio tendrán, tanto si es bienvenido como si no.

No temáis porque todo es para bien.

12 de Enero de 2015
SI **Enero/Febrero 2015**

Advenimiento de lo nuevo

El tiempo inmediatamente venidero dejará perplejos a muchos, tan rápidos serán los cambios, políticos, económicos y sociales, que se manifestarán, y tan frecuentemente ocurrirán estos cambios.

Para muchos, la ansiedad y la perplejidad será la principal respuesta. Intrigados o alarmados por la naturaleza y alcance de estos cambios, muchos los verán como señales de una sociedad en transformación, mientras que otros temerán y estarán resentidos de la nueva manifestación. Las personas de todas partes actuarán cautelosamente, inseguros de la dirección correcta que deben tomar.

No durante mucho tiempo, sin embargo, los hombres actuarán así. Ellos descubrirán que es un verdadero mundo cambiante en el cual viven, acosados por mayores desafíos a sus creencias y valores.

Así los hombres empezarán a establecer lo nuevo de lo viejo, y a demostrar su creciente capacidad de responder a los desafíos del momento.

8 de Febrero de 2015
SI **Marzo 2015**

La justicia de la Ley

Los hombres viven en un mundo cambiante y deben aceptarlo como norma. Para algunos, estos cambios parecerán amenazadores y no deseados mientras que para otros, especialmente los jóvenes, serán acogidos con los brazos abiertos. Estad seguros de que son para mejor, sea cual sea vuestra postura, porque reflejan las necesidades del momento, y son inevitables y justos.

Los hombres deben comprender que ellos mismos están creando las condiciones por la que estos cambios impactan en sus vidas. Cuando este realismo dé sus frutos, una transición más suave hacia el nuevo tiempo se convertirá en la norma.

Nuestro consejo a los hombres es este: no culpéis a fuerzas invisibles sino comprended vuestro propio papel en la creación de las transformaciones de nuestro tiempo. Estad seguros de que de estas transformaciones surgirá una alegría extática.

8 de Marzo de 2015
SI **Abril 2015**

Señales de lo nuevo

Pronto quedará claro para los hombres de que las señales que buscan están apareciendo. Para algunos estas señales parecerán inevitables y bienvenidas. Para otros parecerán como la disolución de todo lo que ellos aprecian. En verdad, estas serán las señales que denotan lo nuevo, y no son sino la expresión de profundos cambios que están teniendo lugar. Con el tiempo, la mayoría estará de acuerdo que mucho era incorrecto en el viejo mundo, ahora desvaneciéndose rápidamente, y tenía que sacrificarse para la mejor expresión de la naturaleza y logros del hombre

En breve, por tanto, los cambios anunciados por estas señales alertarán a los hombres más perceptivos de que estamos entrando en una nueva dispensación, una de la cual todos pueden estar orgullosos.

11 de Abril de 2015
SI **Mayo 2015**

Un regalo de lo Más Alto

Los hombres están en un punto de revelación, que pronto erradicará las voces y actitudes discordantes. Ellos conocerán con más profundidad el significado y propósito de su existencia, y los medios por los cuales ese conocimiento es traído a su conciencia despierta. Pronto, muy pronto ahora los hombres crecerán, como de la noche a la mañana.

Este nuevo conocimiento escarmentará y sorprenderá a muchos pero les inspirará e iluminará en un completo ajuste de su entendimiento. Esto dará un nuevo valor a lo que ellos denominan el significado y propósito de la vida. Una mayor seriedad y una mayor alegría impregnarán sus creencias y acciones, y gradualmente les involucrará en conjunto en una nueva dispensación. Ese momento no está lejos. El Gran Señor está ávido por aparecer y honrar al mundo con Su abierta y reconocida presencia.

No temáis. Un nuevo mundo está en ciernes, que restablecerá la fe y el valor de los hombres en igual medida.

10 de Mayo de 2015
SI **Junio 2015**

La arremetida de lo nuevo

Para algunas personas los meses venideros se percibirán como los más difíciles que hayan conocido, haciéndoles buscar incluso un rayo de esperanza, de respiro de fuerzas con las cuales se sienten incapaces de lidiar.

Al mismo tiempo, para otros, habrá un intensificado sentido de su ingenio y creatividad, por muy irreal que esto pudiera ser. Todo se está moviendo velozmente hacia la Nueva Era e impronta de Acuario, cualquiera que sea la 'lectura' de este evento. El impacto de esto será realmente poderoso.

¿Cómo deberían entonces responder los hombres? Sabed que este es otro paso más hacia el Nuevo Tiempo y al hacerlo esperad la aparición del Gran Señor. Abrid las puertas del corazón y la mente y estad preparados para la arremetida de lo nuevo.

16 de Junio de 2015
SI **Julio/Agosto 2015**

El mundo está preparado

Pronto, muy pronto ahora, los hombres realizarán el poder que yace sin usar en sus manos. Ellos verán que tienen la capacidad de cambiar la calidad de sus vidas. Ellos están empezando a entender que la libertad, la justicia y las correctas relaciones, entre sí, son esenciales para la vida del hombre. Muchos están pidiendo las estructuras que asegurarán la creación de este estado bendito.

Esto deja claro a Maitreya que el mundo está preparado para la nueva dispensación. Los hombres deben, por tanto, utilizar el tiempo limitado disponible para dar a conocer Su presencia y así preparar Su camino.

7 de Septiembre de 2015
SI **Octubre 2015**

Sobre el ataque terrorista en París el 13 de Noviembre

Doloroso como lo ha sido para el pueblo de Francia el reciente trágico acontecimiento en París ha abierto el camino a Maitreya para actuar antes de lo que de otro modo hubiera sido el caso. Trágico como lo es para tantos ha liberado Sus Manos. Recordad esto y estad preparados para Su manifestación.

14 de Noviembre de 2015
SI **Diciembre 2015**

Bienvenidos al Nuevo Tiempo

Bienvenidos, bienvenidos al Nuevo Tiempo, a la Nueva Era de Unicidad. Muchos hoy están atemorizados por la llegada de la Nueva Era, pero permitidles observar cuidadosamente lo que está sucediendo y ellos verán la congregación de algunos de los exponentes del cambio más dotados.

Actualmente hay en el mundo un grupo de individuos sabios mostrando a la humanidad la nueva situación. Entre otros, el Papa Francisco es una expresión única del ideal del pueblo, y cercano a su pueblo. El Dalai Lama, también, está desempeñando un poderoso papel en nombre del pueblo a quien representa.

Nunca antes tal grupo de representantes dotados se había congregado juntos en un mismo momento para mostrar a la humanidad que todo está bien, y que los hombres de todas partes tienen poco tiempo de espera para ver el cumplimiento de sus sueños. Ellos bendicen cada día que pasa y traen su amor cerca de los corazones de los hombres en todas partes.

Amadles también a su vez y abrazadles en el nombre del Que Viene. Convertid vuestros temores en expectación amorosa y esperad el nuevo tiempo en la dicha que es vuestra por derecho. No queda mucho, no mucho hasta que veáis el prodigio de Su rostro, hasta que conozcáis la alegría de Su presencia y Su amor por todos. Entonces sabréis por qué estáis en encarnación en este momento especial.

Que Dios os bendiga y para siempre destierre vuestros temores.

14 de enero de 2016
SI **Enero/Febrero 2016**

Mensaje de Maitreya

31 de marzo de 2016

Estos días son difíciles para muchos. Incluso los mejores y los más cercanos sienten los dolores de la duda y la reserva.

Pero cuando digo que me involucro con vosotros como uno de vosotros ante el mundo, es la verdad.

Igualmente cuando digo que el tiempo es realmente cercano cuando todos los hombres reconozcan Mi rostro y respondan, es la verdad.

Sólo la Ley requiere de Mí esperar un tiempo muy pequeño, pero dentro de la Ley Yo verdaderamente estoy con vosotros a diario, en constante compenetración con vuestras necesidades y las oportunidades que Me son presentadas por vosotros.

Pronto la humanidad en su conjunto despertará a Mi presencia y aceptará con toda disposición la transformación de este, nuestro mundo.

Recordad que estamos al principio y al final de una civilización, un período épico en la historia del mundo, y comprended, por ello, que los hombres sienten el dolor del cambio.

Para algunos es una liberación hacia la libertad. Para otros es una pérdida de garantía y calma.

Pero, Mis hermanos, el dolor será breve, y ya muchos saben que esto será así. Existe asistencia en abundancia para ayudaros a través de estos tiempos difíciles. Aceptad con entusiasmo esta Era y reconoced las señales de lo nuevo.

Verdaderamente, verdaderamente, estoy con vosotros. Verdaderamente, estoy entre vosotros de muchas formas.

Juzgad por vosotros mismos, Mis hermanos, cuán cerca estáis de Mis expectativas de un nuevo mundo. Este será un mundo en el cual todos los hombres son uno, en el cual todos los hombres realizan la alegría de la creación, y realizan con amor su capacidad de mostrar el camino a sus hermanos en simplicidad y verdad.

SI **Mayo 2016**

[Los lectores observarán que este mensaje es de Maitreya, el Instructor del Mundo, en vez del Maestro de Benjamin Creme.]

Comentario del Maestro sobre la actual crisis mundial

La actual situación pronto cambiará para mejor. La tormenta casi ha acabado. Está perdiendo su intensidad, incluso si nosotros, hasta ahora, no lo reconocemos.

La agitación casi siempre es el resultado del cambio de un estado cósmico a otro. Muchas personas aún están enredadas en las viejas formas. Muchas personas están demasiado preocupadas o son demasiado inconscientes para reconocer la necesidad de otra forma de actuar y ser.

También es una cuestión de cómo la humanidad responde a las nuevas energías. La mayor parte de la respuesta está basada en la codicia y el temor. Los ricos se han hecho independientes y muy codiciosos. Ellos temen que no serán capaces de aprovecharse de todo lo que se ofrece; ellos también temen la pérdida de su riqueza. Los hombres deben comprender que el mundo es Uno – Una humanidad. Los ricos, que gestionan los recursos basándose en la codicia y la competencia, niegan esta verdad por su cuenta y riesgo.

25 de julio de 2016
SI **Septiembre 2016**

Comunicado especial del Maestro

Los tiempos difíciles han casi acabado y las personas deberían esperar con confianza el Nuevo Tiempo, cuando Maitreya demostrará Su elevado Ser y todos le reconocerán como el Maestro de este tiempo.

5 de octubre de 2016
SI **Diciembre 2016**

[Este es el último comunicado recibido del Maestro a través de Benjamin Creme.]

Apéndice

Mensajes de Maitreya, 2000 a 2010

Esta sección especial contiene Mensajes de Maitreya recibidos a través de Benjamin Creme por un proceso de telepatía mental, durante sus entrevistas entre los años 2000 y 2010.

Mensaje de Maitreya, *29 de Julio de 2002*

Mis amigos, me veréis muy pronto. Algunos de vosotros teméis Mi venida, pero yo os digo, no temáis, porque yo os amo, a cada uno, ahora y siempre. Mi corazón está lleno con el amor de Dios para todos vosotros.

SI Octubre 2002

(Recibido al final de una entrevista de Benjamin Creme con Frank Sontag en el programa 'Impact' de Radio KLOS, EEUU.)

Mensaje de Maitreya, *20 de Marzo de 2003*

Queda poco tiempo para esperar, ahora, hasta que veáis Mi rostro. Levantad el ánimo entre la tensión de las actuales circunstancias. Mantened altas vuestras esperanzas de un futuro mejor para todos. Mi Corazón está lleno con el amor de Dios. Este amor yo lo envío a todos los que me escuchan.

SI Mayo 2003

(Recibido al final de una entrevista de Benjamin Creme en Radio Ici et Maintenant en París, Francia.)

Mensaje de Maitreya, *15 de abril de 2004*

Mis Amigos, no estoy lejos de vuestras vidas. Cada pensamiento y cada aspiración encuentra su reconocimiento en Mí. Buscadme como un hombre sencillo con respuestas a vuestras profundas y difíciles preguntas. Indagad en vuestros corazones por los caminos del amor y manifestadlos.

He venido a vuestras vidas ni demasiado pronto, ni demasiado tarde, sino puntualmente. Buscadme, entonces, en el futuro inmediato, y si toco vuestros corazones, seguidme.

SI Junio 2004

(Recibido al final de una entrevista de Benjamin Creme en Radio Ici et Maintenant en París, Francia.)

Mensaje de Maitreya, *23 de septiembre de 2004*

Esperadme sólo un poco más, y encontraréis cumplidos vuestros sueños. Así será, y pronto Mi Amor sustentador fortalecerá y revestirá vuestra vida con alegría.

SI Noviembre 2014

(Recibido al final de una entrevista de Benjamin Creme en una cadena de televisión, Ámsterdam, Holanda.)

Mensaje de Maitreya, *6 de Abril del 2006*

Mis amigos, estoy más cerca de vosotros de lo que podéis pensar. Mi corazón late paso a paso con el vuestro. Mi corazón llora por el sufrimiento de tantos. No obstante yo sé que los corazones de aquellos que ahora me escuchan están abiertos y dispuestos para ayudar. No temáis amigos míos. Dad valerosa y dispuestamente para ayudar a todo aquel en necesidad. Cuando hacéis esto, entráis en esa área de la divinidad de la cual procedéis. Ésta es la acción de la divinidad misma.

Así amigos míos, no esperéis más para la manifestación de los grandes cambios que han de venir. Hacedlos realidad con vuestras acciones. Pensad con amplitud. Pensad que vuestros hermanos y hermanas sois vosotros, lo mismo en todo el mundo. Haced esto amigos míos y vedme muy pronto. Mi corazón os abraza a todos.

SI Junio 2006

(Recibido al final de una entrevista de Benjamin Creme en Radio Ici et Maintenant en París, Francia.)

Mensaje de Maitreya, *29 de diciembre de 2006*

Estoy más cerca de vosotros de lo que pensáis. Ninguna distancia nos separa. Y os puede decir realmente que no pasará mucho tiempo hasta que veáis Mi rostro. Sed arduos en la labor de contar al mundo de Mi presencia y traed alegría a la humanidad. Buenas noches, amigos Míos.

SI Enero/Febrero 2007

(Recibido al final de una entrevista de Benjamin Creme con Bill Maher para el documental Religulous.)

Mensaje de Maitreya, *27 de septiembre de 2007*

Queridos Amigos. Estoy cerca de vosotros ahora. Muchos de vosotros habéis esperado Mi presencia durante mucho tiempo. Estoy a punto de presentarme abiertamente ante todos los hombres, y comenzar mi misión externa. No existe distancia entre nosotros. Sabed esto. Comprended esto. Cuando me pedís a través de la 'mano' o directamente a Mí por ayuda, esa ayuda, debéis saber, está asegurada. Es posible que no reconozcáis que la ayuda ha sido dada, pero así será. Confiad en Mí para ayudaros, porque es para hacer esto que Yo vengo. Os exhortaré a trabajar conmigo para el bien de todos. Ésta es la oportunidad para crecer más deprisa, más rápido de lo que lo habéis hecho antes, y así llevaros a los Pies de Aquel que llamamos Dios. No temáis por los muchos problemas que surgen casi a diario en el mundo. Estos sucesos son pasajeros y pronto los hombres comprenderán que tienen ante ellos un futuro bañado en luz. Así será.

SI Noviembre 2007

(Recibido al final de una entrevista de Benjamin Creme para un documental televisivo en Ámsterdam, Holanda.)

* Maitreya se refiere a Su propia huella de mano – véase la próxima sección del libro.

Mensaje de Maitreya, *27 de marzo de 2008*

Estoy cerca de vosotros, realmente, mis amigos. Estoy tan cerca de vosotros que tendréis que esperar poco tiempo para verme.

Muchos de vosotros habéis sido muy pacientes, pero el momento de Mi acercamiento a vosotros y al mundo está gobernado por muchas leyes, y vengo en el momento más pronto posible.

Buscadme entonces más pronto de lo que pensáis es posible. Quizás no mañana, o la próxima semana, o incluso el próximo mes, pero muy, muy pronto.

Mi corazón está lleno con el ímpetu de completar este gran esfuerzo. Esto necesitará la ayuda de todos los que aman a su prójimo. Los hombres deben salvar el mundo tan afligido. Mis Maestros y Yo mostraremos el camino para hacerlo.

Alegra Nuestros corazones ver el comienzo ya realizado por las personas normales y corrientes del mundo.

Es para ellas para quienes hablo ahora.

Elevad vuestras voces. Contad al mundo vuestras necesidades: vuestra necesidad de paz; vuestra necesidad de justicia y libertad; la necesidad de todas las personas de vivir en armonía, sin importar la religión, el color, la raza.

Todos los hombres son en esencia Uno. Son Mis hermanos y Yo les amo a cada uno.

Mis bendiciones de amor fluyen a todos vosotros. Hasta pronto mis amigos.

SI Mayo 2008

(Recibido al final de una entrevista de Benjamin Creme en Radio Ici et Maintenant en París, Francia.)

Mensaje de Maitreya, *26 de octubre de 2008*

Mis amigos, escuchad cuidadosamente ya que traigo esperanza para todos vosotros para un fin a vuestros problemas, para una nueva vida para todos aquellos preparados a aceptar la necesidad de justicia y paz. [La falta de] estas dos, justicia y paz, es el principal obstáculo en vuestro sendero ahora. El camino hacia la justicia y la paz es sencillo de resolver. Requiere sólo la aceptación del compartir. Compartid y conoced el futuro. Rehusad compartir y no habrá futuro para el hombre.

Sencilla es la vida cuando se mira con el ojo conocedor.

Aprended, Mis amigos, a vivir sencillamente y a amaros unos a otros verdaderamente.

Mis amigos, creed que esto es verdad porque así lo es, que me veréis más pronto de lo que podáis imaginar.

Incluso ahora estoy en la puerta, preparado a presentarme y comenzar Mi Misión más abierta.

Sed optimistas y con buen ánimo, Mis amigos, porque todo irá bien. Todas las cosas irán bien.

SI Diciembre 2008

(Recibido mientras Benjamin Creme era filmado para la televisión eslovena en Munich, Alemania.)

Mensaje de Maitreya, *26 de marzo de 2010*

Dadme la oportunidad de ayudaros; esa es la razón de que haya venido. Si Me aceptáis os conduciré hasta vuestro destino; ese que se ha destinado desde el comienzo de este mundo.

Todo depende de vosotros: tenéis que dar los pasos que hagan esto posible.

Tenemos que vernos como Uno, hermanos y hermanas, y trabajar juntos para el bien de todos.

No estamos separados, a pesar de las apariencias, Somos un grupo del cual Yo formo parte, y para el cual trabajo cada momento de Mi Vida.

Os haré saber eso en este momento Mi Bendición está sobre vosotros. Aceptad Mi Bendición, y vivid sencillamente y con amor.

Esas cualidades están cercanas a Mi Corazón.

SI Mayo 2010

(Recibido al final de una entrevista de Benjamin Creme en Radio Ici et Maintenant en París, Francia.)

La 'Mano' de Maitreya

Esta foto muestra la huella de la mano de Maitreya, manifestada milagrosamente en el espejo de un lavabo en Barcelona, España. No es simplemente una huella de mano sino una imagen tridimensional con detalle fotográfico.

Publicada por primera vez en la revista *Share International* (Octubre 2001), la 'Mano' es un medio para invocar las energías curativas y ayuda de Maitreya. Colocando la mano propia sobre ella, o simplemente mirándola, la curación y ayuda de Maitreya puede invocarse (sujeto a la Ley Kármica). Hasta que Maitreya emerja abiertamente, y veamos Su rostro, es lo más cerca que Él puede venir hasta nosotros.

"Mi ayuda está a vuestra disposición, sólo tenéis que pedirla."

Maitreya, el Instructor del Mundo, del Mensaje Nº 49

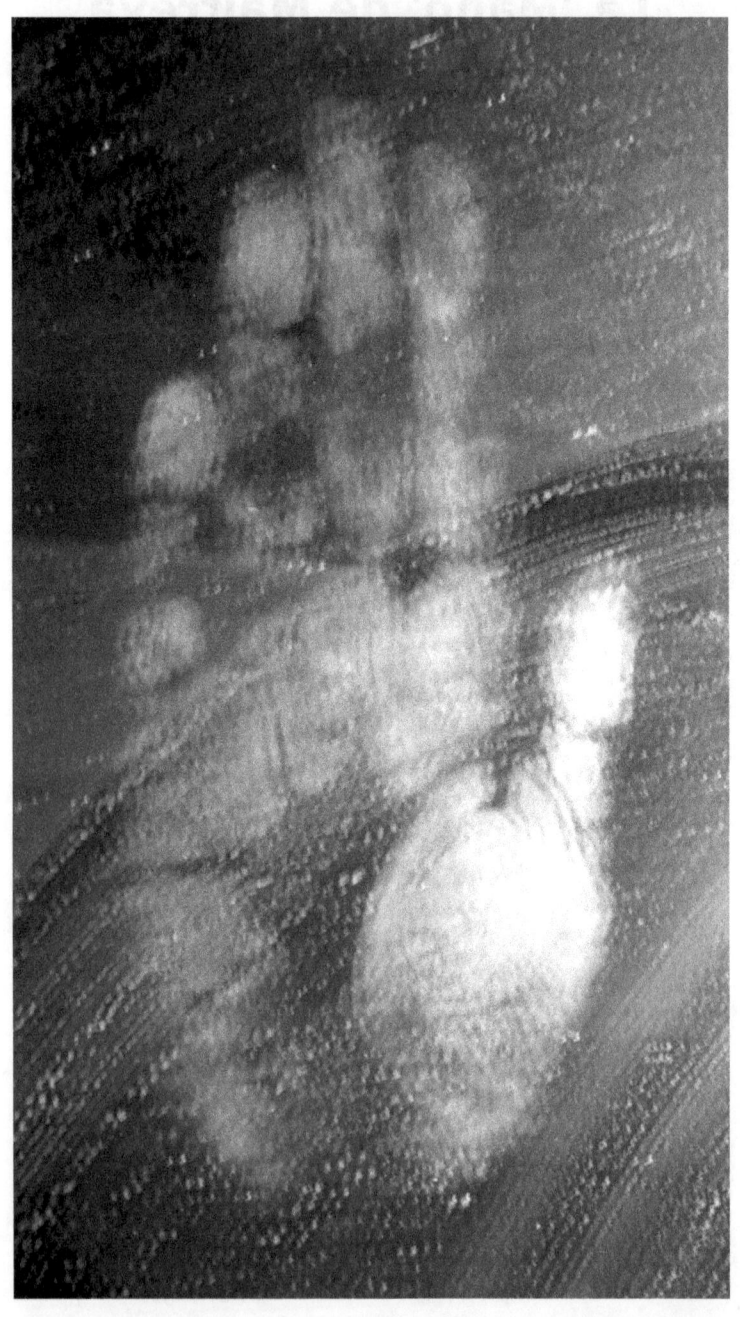

Meditación de Transmisión

— Una breve introducción —

Una meditación grupal que proporciona tanto un servicio dinámico al mundo como un poderoso desarrollo espiritual y personal.

La Meditación de Transmisión es una meditación grupal establecida para distribuir mejor las energías espirituales de sus custodios, los Maestros de Sabiduría, nuestra Jerarquía Espiritual planetaria. Es un medio de "reducir" (transformar) estas energías para que se vuelvan más asequibles y útiles para el público en general. Es la creación, en cooperación con la Jerarquía de Maestros, de un vórtice o depósito de energía elevada para el beneficio de la humanidad.

En marzo de 1974, bajo la dirección de su Maestro, Benjamin Creme formó el primer grupo de Meditación de Transmisión en Londres. Actualmente existen cientos de grupos de Meditación de Transmisión en todo el mundo y se forman grupos nuevos todo el tiempo.

Los grupos de Meditación de Transmisión proporcionan un enlace por el cual la Jerarquía puede responder a la necesidad del mundo. El motivo principal de este trabajo es el servicio, pero también constituye un poderoso método de crecimiento personal. Muchas personas están buscando formas de mejorar el mundo. Este deseo de servir puede ser poderoso, pero difícil de cumplir, en nuestras ajetreadas vidas. Nuestra alma necesita de un medio por el cual servir, pero no siempre respondemos a su llamada, y así producimos desequilibrio y conflicto en nuestro interior. La Meditación de Transmisión proporciona una oportunidad única para servir de una forma potente y totalmente científica con el mínimo de inversión de tiempo y energía.

Benjamin Creme realiza talleres de Meditación de Transmisión en todo el mundo. Durante la meditación él es adumbrado por Maitreya, el Instructor del Mundo, lo que permite a Maitreya conferir nutrición espiritual a los participantes. Muchas personas se inspiran para comenzar a practicar la Meditación de Transmisión después de asistir a tales talleres, y muchos reconocen haber recibido curación durante el proceso.

[Véase *Transmisión: Una Meditación para la Nueva Era* de Benjamin Creme, Share Ediciones]

La Gran Invocación

Desde el punto de Luz en la Mente de Dios
Que afluya luz a las mentes de los hombres.
Que la Luz descienda a la Tierra.

Desde el punto de Amor en el Corazón de Dios
Que afluya amor a los corazones de los hombres.
Que Cristo retorne a la Tierra.

Desde el centro donde Voluntad de Dios es conocida
Que el propósito guíe a las pequeñas voluntades de los hombres—
El Propósito que los Maestros conocen y sirven.

Desde el centro que llamamos la raza de los hombres
Que se realice el Plan de Amor y de Luz
Y selle la puerta donde se halla el mal.

Que la Luz, el Amor y el Poder restablezcan el Plan en la Tierra.

La Gran Invocación, utilizada por el Cristo por primera vez en Junio de 1945, fue dada por Él a la humanidad para facultar al hombre a invocar las energías que podrían cambiar nuestro mundo y hacer posible el retorno del Cristo y la Jerarquía. Esta Oración Mundial, traducida a muchos idiomas, no está patrocinada por ningún grupo o secta. Es utilizada a diario por hombres y mujeres de buena voluntad que desean lograr correctas relaciones en toda la humanidad.

La Oración para la Nueva Era

Yo soy el Creador del Universo.

Yo soy el Padre y la Madre del Universo.

Todo viene de Mí.

Todo regresará a Mí.

Mente, Espíritu y Cuerpo son Mis Templos,

Para que el Ser realice en ellos

Mi Supremo Ser y Devenir.

La Oración para la Nueva Era, dada por Maitreya, el Instructor del Mundo, es un gran mantram o afirmación con un efecto invocativo. Será una herramienta poderosa en nuestro reconocimiento de que el hombre y Dios son Uno, de que no hay separación. El 'Yo' es el Principio Divino detrás de toda creación. El Ser emana del Principio Divino y es idéntico a él.

La forma más efectiva de utilizar este mantram es decir o pensar el texto con la voluntad enfocada, mientras se mantiene la atención en el centro ajna en el entrecejo. Cuando la mente comprende el significado de los conceptos, y se ejerce la voluntad simultáneamente, estos conceptos serán activados y el mantram funcionará. Si se dice sinceramente cada día, crecerá en ti una comprensión de tu verdadero Ser.

(Publicada por primera vez en *Share International*, Septiembre 1988.)

Lectura adicional

(Ordenados según fecha de publicación en inglés)

La Reaparición del Cristo y Los Maestros de Sabiduría

El primer libro de Benjamin Creme proporciona la información básica y pertinente en relación al regreso de Maitreya, el Cristo. Colocando el acontecimiento más profundo de los últimos 2.000 años en su correcto contexto histórico y esotérico, Creme describe los efectos que tendrá la presencia del Instructor del Mundo tanto en las instituciones del mundo como en la persona normal y corriente. Los temas abarcan desde el alma y la reencarnación, a la energía nuclear, los ovnis, y un nuevo orden económico.

1ª Edición 1989. 2ª Edición 1994. ISBN Nº 84-89147-06-X (Share Ediciones), 236 páginas. (Traducción de la 1ª Edición Inglesa 1979)

Mensajes de Maitreya el Cristo

Durante los años de preparación para Su emerger, Maitreya dio 140 mensajes a través de Benjamin Creme durante conferencias públicas, utilizando el adumbramiento mental y la conexión telepática que surge de ello. Los Mensajes de Maitreya inspiran al lector para divulgar la noticia de Su reaparición y para trabajar de forma urgente en el rescate de las millones de personas que sufren de pobreza y hambruna en un mundo de abundancia. Cuando se leen en voz alta, los mensajes invocan la energía y bendición de Maitreya.

1ª Edición 1994. ISBN Nº 84-89147-04-3 (Share Ediciones), 286 páginas. (Traducción de la 2ª Edición Inglesa 1992)

Transmisión: Una Meditación para la Nueva Era

La Meditación de Transmisión es una forma de meditación grupal con el propósito de 'reducir' (transformar) energías espirituales que así se hacen asequibles y útiles para el público en general. Es la creación, en cooperación con la Jerarquía de Maestros, de un vórtice o estanque de energía superior para el beneficio de la humanidad.

Describe un proceso dinámico, presentado al mundo por el Maestro de Benjamin Creme en 1974. Grupos dedicados al servicio al mundo transmiten energías espirituales dirigidas a través de ellos por los Maestros de nuestra Jerarquía Espiritual. Aunque el principal motivo de este trabajo es el servicio, también es un poderoso medio de crecimiento personal. Se dan directrices para la formación de grupos de transmisión, junto con respuestas a muchas preguntas relacionadas con el trabajo.

1ª Edición 1994. ISBN Nº 84-89147-03-5 (Share Ediciones), 160 páginas. (Traducción de la 4ª Edición Inglesa)

Un Maestro Habla

Artículos del Maestro de Benjamin Creme de sus primeros 12 volúmenes de la revista Share International, concebidos para atraer la atención a las necesidades del futuro presente e inmediato. Los tópicos incluyen razón e intuición, salud y curación, el arte de vivir, los derechos humanos, el fin del hambre, compartir para la paz, el ascenso del poder del pueblo, vida en la Nueva Era, el papel del hombre, y muchos más.

1ª Edición 1995. ISBN Nº 84-89147-05-1 (Share Ediciones), 284 páginas. (Traducción de la 2ª Edición Inglesa)

La Misión de Maitreya, Tomo I

El primer libro de una trilogía que describe con amplitud adicional el emerger de Maitreya. Este tomo puede considerarse como una guía para la humanidad mientras realiza su viaje evolutivo. Se cubre una amplia gama de temas, como: las nuevas enseñanzas del Cristo, meditación, karma, vida después de la muerte, curación, transformación social, iniciación, papel del servicio, y los Siete Rayos.

1ª Edición 1994. ISBN Nº 84-89147-01-9 (Share Ediciones), 388 páginas. (Traducción de la 3ª Edición Inglesa 1993)

La Misión de Maitreya, Tomo II

Este volumen contiene una variada colección de las enseñanzas de Maitreya a través de Su colaborador, Sus muy precisas predicciones de acontecimientos mundiales, descripciones de Sus apariciones personales milagrosas, e información de fenómenos y señales relacionados. También contiene entrevistas únicas con el Maestro de Benjamin Creme sobre temas actuales. Tópicos relacionados con el futuro incluyen nuevas formas de gobierno, colegios sin muros, energía y pensamiento, la Tecnología de la Luz venidera, y el arte de la realización del Ser.

1ª Edición 1994. ISBN Nº 84-89147-02-7 (Share Ediciones), 738 páginas. (Traducción de la 1ª Edición Inglesa 1993)

Las Enseñanzas de la Sabiduría Eterna

Una perspectiva general del legado espiritual de la humanidad, este libro es una introducción concisa y fácil de entender de las Enseñanzas de la Sabiduría Eterna. Explica los principios básicos del esoterismo, incluyendo: la fuente de la Enseñanza, el origen del hombre, el Plan de evolución, renacimiento y reencarnación, y la Ley de Causa y Efecto (karma). También incluye un glosario esotérico y una lista de lectura recomendada.

1ª Edición 2008. ISBN Nº 978-84-89147-14-0 (Share Ediciones), 96 páginas. (Traducción de la 1ª Edición Inglesa 1996)

La Misión de Maitreya, Tomo III

Benjamin Creme presenta una visión convincente del futuro, con Maitreya y los Maestros ofreciendo abiertamente Su orientación e inspiración. Los tiempos venideros verán la paz establecida; el compartir de los recursos mundiales como norma; la conservación de nuestro medio ambiente como la máxima prioridad. Las ciudades del mundo se convertirán en centros de gran belleza. Creme también analiza a 10 famosos artistas – incluyendo a da Vinci, Miguel Angel y Rembrandt – desde una perspectiva espiritual.

1ª Edición 1998. ISBN Nº 84-89147-07-8 (Share Ediciones), 682 páginas. (Traducción de la 1ª Edición Inglesa 1997)

El Gran Acercamiento: Nueva Luz y Vida para la Humanidad

Aborda los problemas de nuestro mundo caótico y su cambio gradual bajo la influencia de Maitreya y los Maestros de Sabiduría. Cubre temas como compartir, EEUU en un dilema, conflictos étnicos, crimen, medio ambiente y contaminación, ingeniería genética, ciencia y religión; educación, salud y curación. Predice extraordinarios descubrimientos científicos venideros y muestra un mundo libre de guerra donde las necesidades de todas las personas son satisfechas.

Primera Parte: "La Vida Futura para la Humanidad"; Segunda Parte: "El Gran Acercamiento"; Tercera Parte: "La Llegada de una Nueva Luz".

1ª Edición 2002. ISBN 84-89147-08-6 (Share Ediciones), 284 páginas. (Traducción de la 1ª Edición Inglesa 2001)

El Arte de la Cooperación

Trata de los problemas más acuciantes de nuestros tiempos, y sus soluciones, basándose en las Enseñanzas de la Sabiduría Eterna. Encerrados en la vieja competencia, intentamos solucionar los problemas utilizando métodos anticuados, mientras que la respuesta –la cooperación– yace en nuestras manos. El libro muestra el sendero hacia un mundo de justicia, libertad y paz a través de un creciente aprecio por la unidad que subyace toda vida.

Primera Parte: "El Arte de la Cooperación"; Segunda Parte: "El Problema del Espejismo"; Tercera Parte: "Unidad".

1ª Edición 2003. ISBN 84-89147-09-4 (Share Ediciones), 212 páginas. (Traducción de la 1ª Edición Inglesa 2002)

Las Enseñanzas de Maitreya: Las Leyes de la Vida

Presenta las Leyes de la Vida, la visión directa, simple, no doctrinaria y profunda de Maitreya. Revelando la Ley del Karma, o Causa y Efecto, estas extraordinarias predicciones de sucesos mundiales fueron dadas por Maitreya entre 1988 y 1993, publicándose por primera vez en la revista *Share International*. Editadas por Benjamin Creme.

Pocas personas podrían leer estas páginas sin experimentar un cambio. Para algunos, los extraordinarios comentarios sobre temas de actualidad les serán de gran interés, mientras que para otros conocer los secretos de la realización del ser, la sencilla descripción de la verdad experimentada, será toda una revelación. Para las personas que busquen comprender las Leyes de la Vida, estas sutiles y profundas revelaciones les conducirán rápidamente hasta el centro de la vida misma, y les ofrecerán un simple sendero que conduce hasta la cumbre de la montaña. La unidad esencial de toda vida se desvela de un modo claro y significativo. Jamás las leyes según las que vivimos se han descrito de una forma tan natural y liberadora.

1ª Edición 2005. ISBN 84-89147-10-8 (Share Ediciones), 272 páginas. (Traducción de la 1ª Edición Inglesa 2005)

El Arte de Vivir: Vivir dentro de las Leyes de la Vida

En la Primera Parte, Benjamin Creme describe la experiencia de vivir como una forma de arte, como la pintura o la música. Alcanzar un nivel elevado de expresión requiere tanto el conocimiento como el cumplimiento de ciertos principios fundamentales como la Ley de Causa y Efecto y la Ley del Renacimiento, todo descrito con detalle. La Segunda y Tercera Parte explican cómo podemos emerger de la niebla de la ilusión para convertirnos en un todo y una conciencia despierta de uno mismo.

Primera Parte: "El Arte de Vivir"; Segunda Parte: "Los Pares de Opuestos"; Tercera Parte: "Ilusión".

1ª Edición 2006. ISBN 978-84-89147-11-9 (Share Ediciones), 272 páginas. (Traducción de la 1ª Edición Inglesa 2006)

Maitreya, el Instructor del Mundo para Toda la Humanidad

Presenta una perspectiva general del retorno al mundo cotidiano de Maitreya y Su grupo, los Maestro de Sabiduría; los enormes cambios que la presencia de Maitreya ha suscitado; y Sus recomendaciones para el futuro inmediato. Describe a Maitreya como un gran Avatar espiritual con un amor, sabiduría y poder inconmensurables; y también como un amigo y hermano de la humanidad que está aquí para liderarnos hacia la Nueva Era de Acuario.

1ª Edición 2007, ISBN 978-84-89147-12-6 (Share Ediciones), 128 páginas. (Traducción de la 1ª Edición Inglesa 2007)

El Despertar de la Humanidad

Un libro asociado a El Instructor del Mundo para Toda la Humanidad, que resalta la naturaleza de Maitreya como la Personificación del Amor y la Sabiduría. Mientras que El Despertar de la Humanidad se centra en el día en que cual Maitreya se declarará a Sí mismo abiertamente como el Instructor del Mundo para la era de Acuario. Describe el proceso del emerger de Maitreya, los pasos que conducirán al Día de la Declaración, y la respuesta anticipada de la humanidad a este momento trascendental.

1ª Edición 2008, ISBN 978-84-89147-13-3 (Share Ediciones), 144 páginas. (Traducción de la 1ª Edición Inglesa 2008)

La Agrupación de las Fuerzas de la Luz: Ovnis y Su Misión Espiritual

La Agrupación de las Fuerzas de la Luz es un libro sobre ovnis, pero con una diferencia. Está escrito por alguien que ha trabajado con ellos y tiene conocimiento desde dentro. Benjamin Creme ve la presencia de ovnis como planeada y de inmenso valor para las personas de la Tierra.

Según Benjamin Creme, los ovnis y las personas dentro de ellos están consagrados a una misión espiritual para aliviar la suerte de la humanidad y salvar a este planeta de una destrucción adicional y veloz. Nuestra propia Jerarquía planetaria, liderada por Maitreya, el Instructor del Mundo, que ahora vive entre nosotros, trabaja incansablemente con sus Hermanos del Espacio en un proyecto fraternal para restablecer la cordura en esta Tierra.

Los temas tratados en este libro incluyen: el trabajo de los Hermanos del Espacio en la Tierra; George Adamski; círculos de las cosechas; la nueva Tecnología de la Luz; el trabajo de Benjamin Creme con los Hermanos del Espacio; los peligros de la radiación nuclear; salvar el planeta; la 'estrella' que anuncia el emerger de Maitreya; la primera entrevista de Maitreya; educación en la Nueva Era; intuición y creatividad; familia y karma.

Primera Parte: "Ovnis y Su Misión Espiritual"; Segunda Parte: "Educación en la Nueva Era"

1ª Edición 2010. ISBN 978-84-89147-16-4 (Share Ediciones), 232 páginas. (Traducción de la 1ª Edición Inglesa 2010)

Unidad en la Diversidad: el Camino Adelante para la Humanidad

Necesitamos una visión nueva y esperanzadora para el futuro. Este libro presenta tal visión: un futuro que abarca un mundo en paz, armonía y unidad, mientras que la cualidad y el enfoque de cada individuo son bienvenidos y necesarios. Es visionario, pero expresado con una lógica convincente e irresistible.

Unidad en la Diversidad: El Camino Adelante para la Humanidad incumbe al futuro de cada hombre, mujer y niño. Trata del futuro de la misma Tierra. La humanidad, indica Creme, está en una encrucijada y tiene que tomar una gran decisión: seguir hacia adelante y crear una nueva y brillante civilización en la cual todos son libres y la justicia social reina, o continuar como estamos, divididos y compitiendo, y presenciar el fin de la vida en el planeta Tierra.

Creme escribe para la Jerarquía Espiritual en la Tierra, cuyo Plan para la mejora de toda la humanidad presenta. Él muestra que el sendero hacia adelante para todos nosotros es la realización de nuestra unidad esencial sin el sacrificio de nuestra igualmente diversidad esencial.

1ª Edición 2012. ISBN 978-84-89147-17-1 (Share Ediciones), 160 páginas. (Traducción de la 1ª Edición Inglesa 2012)

Los libros de Benjamin Creme han sido traducidos del inglés y publicados en alemán, castellano, francés, holandés y japonés por grupos que han respondido a este mensaje. Algunos de estos libros también han sido traducidos al chino, croata, esloveno, finlandés, griego, hebreo, italiano, portugués, rumano, ruso y sueco. Están proyectadas más traducciones. Estos libros están disponibles en librerías locales como también online.

Revista Share International

ISSN 1135-0830

Una revista única que publica cada mes: información actualizada sobre la reaparición de Maitreya, el Instructor del Mundo; un artículo de un Maestro de Sabiduría; ampliación de la enseñanza esotérica; respuestas de Benjamin Creme a una variedad de preguntas de actualidad y esotéricas; artículos y entrevistas con personas a la vanguardia del cambio progresista del mundo; noticias de agencias de la ONU e informes de progresos positivos en la transformación de nuestro mundo.

Share International reúne las dos líneas más importantes del pensamiento de la Nueva Era: el político y el espiritual. Muestra la síntesis que sirve de base a los cambios políticos, sociales, económicos y espirituales que están ocurriendo actualmente a escala global, y busca estimular acciones prácticas para reconstruir nuestro mundo con unas bases más justas y compasivas.

Share International cubre noticias, sucesos y comentarios relacionados con las prioridades de Maitreya: un suministro adecuado de alimentos apropiados, vivienda y cobijo adecuados para todos, sanidad como un derecho universal, el mantenimiento de un equilibrio ecológico en el mundo.

Share International se publica en inglés. Existen también versiones en alemán, castellano, esloveno, francés, holandés, japonés y rumano.

Para más información:

www.share-es.org

www.ingramcontent.com/pod-product-compliance
Lightning Source LLC
Chambersburg PA
CBHW061634040426
42446CB00010B/1416